Management virtueller Unternehmungen

D1662002

CI

Der Autor untersucht die Stärken und Schwächen flexibler Allianzen auf der Basis eines neu entwickelten Kostenmodells, das Transaktions-, Agency- und Produktionskosten sowie Kosten der internen Information berücksichtigt. Sodann entwickelt er ein Führungskonzept und ein Organisationsmodell für virtuelle Unternehmungen, in das auch die Möglichkeiten einer informationstechnischen Unterstützung einbezogen werden. Anschließend untersucht er, wie sich virtuelle Unternehmungen in die konventionelle Organisation einfügen lassen.

Andreas Schräder studierte Informatik und Betriebswirtschaftslehre und arbeitet als Unternehmensberater bei Roland Berger & Partner.

Andreas Schräder

Management virtueller Unternehmungen

Organisatorische Konzeption und
informationstechnische Unterstützung
flexibler Allianzen

Campus Verlag
Frankfurt/New York

Die Deutsche Bibliothek – CIP-Einheitsaufnahme

Schräder, Andreas:
Management virtueller Unternehmungen: organisatorische
Konzeption und informationstechnische Unterstützung flexibler
Allianzen / Andreas Schräder. – Frankfurt/Main; New York:
Campus Verlag, 1996
ISBN 3-593-35546-9

Umschlaggestaltung: Atelier Warminski, Büdingen
Druck und Bindung: KM-Druck, Groß-Umstadt
Gedruckt auf säurefreiem und chlorfrei gebleichtem Papier.
Printed in Germany

Inhalt

6

1. Einführung

In dem Bemühen, Unternehmungen in ihrer Effizienz und Effektivität zu stärken, wurde in den letzten Jahren eine Vielzahl von Organisationsstrukturen und Führungsstilen entworfen. Während eine Effizienzsteigerung in Folge dieser Konzepte (insbesondere der Lean-Konzepte) oft erreicht wurde, blieben die Effektivitätssteigerungen in der Regel unbefriedigend.[1] Besonders problematisch sind die Ergebnisse großer Unternehmungen, die sich aufgrund ihrer hierarchischen Leitungsstruktur und ihrer unbewältigten Komplexität turbulenten Märkten nicht gewachsen zeigen. Obwohl diese Unternehmungen Größenvorteile realisieren können, sind sie kleinen Unternehmungen, denen dieses Potential fehlt, oft unterlegen.

Hierarchische Unternehmungsführungsstrukturen wurden zu einer Zeit entwickelt, in der Kommunikation (insbesondere über weite Entfernungen) ein relativ aufwendiger Prozeß war und daher eine für Entscheidungskompetenz hinreichende Information der von Entscheidungsproblemen direkt betroffenen Mitarbeiter nicht möglich war.[2] Während sich Hierarchien aufgrund ihrer guten Eignung unter den damals gegebenen Umständen schnell verbreiteten und etablierten, sind die ursprünglichen Gründe für ihre Konzeption heute mit der Entwicklung mächtiger Kommunikations- und Informationsverarbeitungstechnologien weggefallen. Die neuen Technologien ermöglichen neue Strategien und Strukturen, die dem veränderten Unternehmungsumfeld entsprechen.

Kooperation und Konzentration auf Kernkompetenzen sind zwei komplementäre Strategien, die als möglicher Ausweg aus Inflexibilität und Ineffektivität gesehen werden.[3]

---

[1] So finden z. B. sich in der Praxis eine Vielzahl „träger" Management-Holdings.
[2] Chandler nennt als erste Anwendung hierarchischer Unternehmungsführungsstrukturen die amerikanische Eisenbahn.
     vgl. A. Chandler (1977) 94
[3] Eindrucksvolle Beispiele für Erfolge aus einer Konzentration auf Kernkompetenzen finden sich nicht nur bei einer Vielzahl kleinerer, spezialisierter Dienstleistungsun-

„Kern-Kompetenzen können sich auf sämtliche [... Unternehmungsfunktionen] einschließlich der Funktion des Managements erstrecken. Obwohl sie sich nicht im Gebrauch abnutzen, müssen sie gehegt und gepflegt und letztlich auch benutzt werden, da sie ansonsten verlernt werden. [...] Kern-Kompetenzen [...] bilden die Basis für zunächst unprognostizierbare Produktentwicklungen, ermöglichen den Zugang zu verschiedenen Märkten, tragen signifikant zum Gebrauchswert der Endprodukte bei und können nur schwer nachgeahmt werden. Zum anderen sind Kern-Kompetenzen weniger als Kerngeschäfte auf die Gegenwart bezogen; sie repräsentieren zukünftiges Potential."[4]

Dank hochentwickelter Informations- und Kommunikationstechnologie können Kernkompetenzen verschiedener (auch kleiner) Unternehmungen zu effizienten und effektiven Unternehmungsnetzwerken gebündelt werden.[5] Diese Möglichkeit eröffnet auch kleinen Unternehmungen die Möglichkeit, in Kooperationen Größenvorteile zu realisieren.

Miles und Snow initiierten mit ihrer Vision von einem temporären Unternehmungsnetzwerk, das sie „dynamic network" tauften, eine große Diskussion um mögliche Ausprägungen flexibler Allianzen.[6] In letzter Zeit werden diese Netzwerke oft als virtuelle Unternehmungen bezeichnet. Da eine Zeit, in der Erfolg nicht den Besten sondern den Schnellsten zuteil wird,[7] zur Entwicklung von Unternehmungsformen zwingt, die geeignet sind, schnell vergängliche Marktchancen effizient auszunutzen, erfreut sich dieses Konzept großer Beliebtheit bei Forschern verschiedener Disziplinen und Unternehmensberatern. Die virtuelle Unternehmung wird als Lösung der Probleme sowohl der großen Unternehmungen (insbesondere Inflexibilität) als auch der kleinen (fehlende Skaleneffekte) gesehen. Dabei sind die als virtuelle Unternehmung bezeichneten Konzepte oft so diffus und verschieden, daß es schwerfällt, Gemeinsamkeiten zu finden.

Ziel dieser Arbeit ist es, ein Konzept zum Management virtueller Unternehmungen zu entwickeln. Dazu wird zunächst der noch diffuse Inhalt des Begriffs „virtuelle Unternehmung" geklärt, bevor die Stärken und Schwächen sowie die Erfolgsfaktoren des damit beschriebenen Allianzkonzepts

---

ternehmungen, sondern auch bei Unternehmungen, die relativ zu Umsatz und Gewinn klein sind, weil sie sich bei der Leistungserbringung in Bereichen, die nicht zu ihren Kernkompetenzen gehören, auf kompetente Partner verlassen. (Ein Beispiel für solche Unternehmungen ist Apple Computer; der Gewinn je Angestellten ist viermal größer als der bei IBM. Vgl. hierzu J. A. Byrne (1993) 38)

[4] J. Sydow (1992) 109
[5] vgl R. Johnston und P. R. Lawrence (1988) 94
[6] vgl. R. E. Miles und C. C. Snow (1984) 26
[7] vgl. S. E. Bleecker (1994) 10

herausgearbeitet und erläutert werden. Das Managementkonzept wird in drei Schritten entwickelt: zuerst wird ein allgemeines Führungskonzept für virtuelle Unternehmungen entworfen, anschließend werden die Konzeption von Organisation und informationstechnischer Unterstützung dieser Allianzform diskutiert. Schließlich werden in einem Ausblick die Auswirkungen des entwickelten Managementkonzepts auf die Führung und Organisation konventioneller Unternehmungen sowie das Potential des Konzepts „virtuelle Unternehmung" untersucht.

2. Die virtuelle Unternehmung

Wie in diesem Kapitel deutlich wird, sind die Vorstellungen vom Inhalt und Wesen der virtuellen Unternehmung in der Literatur uneinheitlich und ungenau. Die Bandbreite der subsumierten Sachverhalte reicht von Unternehmungen, deren Mitarbeiter ausschließlich Telearbeiter sind[8] bis zu Unternehmungen, die ein „virtuelles Produkt" anbieten[9]. Um den Erkenntnisgegenstand dieser Arbeit zu konkretisieren, ist daher ein recht aufwendiger Versuch der Begriffsbestimmung erforderlich.

In diesem Kapitel werden zunächst Konzepte und Begriffe erläutert, die mit der virtuellen Unternehmung häufig in Zusammenhang gebracht und zum Teil fälschlich als Synonym verwandt werden. Dann soll ein Qualitätsmaßstab für Definitionen vorgestellt werden, der die Kritik der bestehenden Begriffsbestimmungen und die Entwicklung einer neuen Definition der virtuellen Unternehmung leiten wird. Nach einer kritischen Gegenüberstellung bekannter Begriffsbestimmungen soll das in der Literatur vorherrschende Verständnis der virtuellen Unternehmung in eine neue Definition gefaßt und gegenüber anderen Konzepten und Begriffen abgegrenzt werden. Schließlich wird die virtuelle Unternehmung anhand von Beispielen illustriert.

2.1. Ausgewählte Allianzkonzepte

Um die virtuelle Unternehmung in den betriebswirtschaftlichen Begriffsapparat einordnen zu können, soll in diesem und dem nächsten Abschnitt die begriffliche Nachbarschaft der virtuellen Unternehmung kurz vorgestellt werden.

---

[8]   so u. a. D. Ettinghoeffer (1993) 24
[9]   siehe hierzu Abschnitt 2.4.3

Die virtuelle Unternehmung ist unstrittig ein Konzept für Allianzen zwischen Unternehmungen. Der Begriff der Allianz ist ebenso wie der der Kooperation in der Literatur nicht einheitlich abgegrenzt.[10] Für unsere Zwecke reicht es jedoch, in Anlehnung an Grochla unter einer Allianz eine Unternehmungsverbindung zu verstehen, in der die Erfüllung auf Mitgliedunternehmungen delegierter Teilaufgaben koordiniert wird.[11] Allianzen lassen sich nach ihrer Mitgliederzahl, Dauer, Reichweite, Organisationsform sowie nach Merkmalen der Kooperationspartner und dem Zweck der Allianz klassifizieren.[12] Hier sollen nun verschiedene Allianzformen beschrieben werden, die der virtuellen Unternehmung in Zweck oder Organisationsform stark ähneln. Besondere Beachtung verdienen dabei Netzwerkkonzepte, da hier auch die virtuelle Unternehmung einzuordnen sein wird.

2.1.1. Netzwerkkonzepte

Das Verständnis eines Netzwerks als Gesamtheit von untereinander verbundenen Einheiten[13] erlaubt die Anwendung von Erkenntnissen der Netzwerk- und Systemtheorie auf Allianzen. Hier soll das Netzwerk als zeitlich begrenztes Interaktionsmuster von der langfristigen Beziehungskonstellation unterschieden werden, die eine Basis dafür ist, daß fallweise Netzwerke entstehen können.[14] Netzwerke können eine Vielzahl unterschiedlicher Ausprägungen annehmen, die unter verschiedenen Aspekten als Konzepte für Allianzen klassifiziert wurden.[15] Im folgenden sollen Netzwerkkonzepte vorgestellt werden, die für eine Gegenüberstellung mit der virtuellen Unternehmung als Konzept von besonderem Interesse sind: Unternehmungsnetzwerk, strategisches Netzwerk, Keiretsu und Hollow Organization. Diese Begriffe sind zum Teil Spezialisierungen eines anderen erläuterten Begriffs: strategische Netzwerke und Hollow Organization sind spezielle Unternehmungsnetzwerke; das Keiretsu ist eine Form des strategischen Netzwerks.

---

[10] vgl. J. Kronen (1994) 28
[11] vgl. E. Grochla (1970) 3
[12] vgl. J. Kronen (1994) 35
[13] vgl. H. Aldrich und D. Whetten (1981) 387
[14] vgl. B. Weber (1994) 287
[15] ein guter Überblick über solche Klassifikationen mit weiterführenden Literaturangaben findet sich bei J. Sydow (1992) 62ff

2.1.1.1. Unternehmungsnetzwerk

Sind die an einem Netzwerk beteiligten Akteure rechtlich selbständige, an Märkten idealerweise autonom agierende Unternehmungen, so kann von einem Unternehmungsnetzwerk gesprochen werden.[16] Sydow präzisiert den Begriff folgendermaßen:

„Ein Unternehmungsnetzwerk stellt eine auf die Realisierung von Wettbewerbsvorteilen zielende Organisationsform ökonomischer Aktivitäten dar, die sich durch komplex-reziproke, eher kooperative denn kompetitive und relativ stabile Beziehungen zwischen [...] Unternehmungen auszeichnet. Ein derartiges Netzwerk, das entweder in einer oder in mehreren miteinander verflochtenen Branchen agiert, ist das Ergebnis einer Unternehmungsgrenzen übergreifenden Differenzierung und Integration ökonomischer Aktivitäten."[17]

Die so beschriebenen Unternehmungsnetzwerke können in Zielsetzung, Ausmaß des Wettbewerbs im Netzwerk sowie Dauer sehr unterschiedlich sein. Der Begriff Unternehmungsnetzwerk stellt somit eher einen Oberbegriff für verschiedene Konzepte dar, unter den sich die folgenden subsumieren lassen.

2.1.1.2. Strategisches Netzwerk

Das strategische Netzwerk bzw. die strategische Allianz ist wohl die meistdiskutierte Form des Unternehmungsnetzwerks. In seiner grundlegenden Arbeit beschreibt Jarillo strategische Netzwerke als

---

[16] vgl. M. Krebs und R. Rock (1994) 328
[17] J. Sydow (1992) 79; In J. Sydow (1991) 239 findet sich eine fast identische Definition für *strategische* Netzwerke, was die streitbare Einschränkung auf „relativ stabile" Beziehungen erklären könnte

14

„[...] langfristige, zielgerichtete Anordnungen zwischen getrennten aber verbundenen erwerbswirtschaftlichen Organisationen, die den Unternehmungen darin erlaubt, Wettbewerbsvorteile gegenüber Wettbewerbern außerhalb des Netzwerkes
zu erlangen oder zu halten."[18]

Die Langfristigkeit bezieht sich hierbei auf die Dauer der Wirkungen dieser
Netzwerkbeziehung und nicht notwendig auf die Dauer der Beziehung
selbst.[19]

Die Beziehungen in strategischen Netzwerken sind hierarchischen ähnlich, da es sich bei ihrem Inhalt regelmäßig um schlechtstrukturierte Aufgaben mit Langfristperspektive handelt, was in relativ unspezifizierten Verträgen seinen formellen Ausdruck findet.[20] Als praktische Folge unterscheiden
sich strategische Netzwerke von anderen Unternehmungsnetzwerken insbesondere dadurch, daß sie von einer oder mehreren fokalen Unternehmungen
strategisch geführt werden.[21]

Wesentliches Merkmal von strategischen Netzwerken ist, daß die Mitglieder, trotz der engen Kooperation auf dem durch die Allianz betroffenen
Feld, in allen wesentlichen Punkten rechtlich und wirtschaftlich selbständig
bleiben. Strategische Allianzen umfassen somit Joint Ventures, Lizenzver-
träge, Lieferverträge, Vertriebsverträge und eine Vielzahl weiterer Vereinbarungen.[22] Als vielbeachteter Sonderfall des strategischen Netzwerks ist
die Wertschöpfungspartnerschaft hervorzuheben, die als vertikale Allianz
von Unternehmungen eine Kooperation entlang der gesamten Wertkette
beinhaltet.[23]

Ergänzend zum strategischen Netzwerk führt Albach die strategische
Familie ein, die er als

---

[18] J. C. Jarillo (1988) 32; Übersetzung vom Verfasser; Im Original heißt es: „as long-term,
purposeful arrangements among distinct but related for-profit organizations that allow
those firms in them to gain or sustain competitive advantage vis-à-vis their competitors
outside the network."
[19] vgl. N. Szyperski und J. Kronen (1991) 8
[20] vgl. J. C. Jarillo (1988) 34
[21] vgl. J. Sydow (1992) 81
[22] vgl. M. E. Porter und M. B. Fuller (1986) 315; Die Autoren verwenden den Begriff
„Koalition", zu dem M. E. Porter (1990) den Begriff „strategische Allianz" als
Synonym einführt.
[23] vgl. H. R. Johnston und P. R. Lawrence (1989) 81ff

„[...]mehrere Unternehmen, deren Erfolg am Markt entscheidend voneinander abhängig ist und deren Strategien komplementär sind"[24] definiert. Von beiden Begriffen ist die strategische Gruppe zu unterscheiden, die kein Unternehmungsnetzwerk ist und daher hier nicht erläutert wird.[25]

2.1.1.3. *Keiretsu*

Die in Japan bedeutendste Variante des strategischen Netzwerks, die Keiretsu, haben als historischen Vorläufer die Zaibatsu, relativ straff organisierte, hierarchische Netzwerke, an deren Spitze eine Holding unter Kontrolle einer Familie stand.[26] Nach dem 2. Weltkrieg versuchten die USA, durch Anti-Trust-Gesetze die Zaibatsu zu zerschlagen, was bezüglich der juristischen Verflechtungen gelang, jedoch nicht zu einer personellen Entflechtung der Führungselite Japans führte.[27] Noch während der Besatzungszeit entstanden Shacho Kais, Präsidentenclubs, die den Kern von wirtschaftlichen Verbundgruppen, den Keiretsu darstellten. Die heutigen Keiretsu, zu denen jeweils eine Großbank und ein Handelshaus gehören, lassen sich gliedern in die industriellen (z. B. Toyota) und die traditionellen Keiretsu, die aus Zaibatsu (z. B. Mitsubishi) oder um eine Großbank herum (z. B. Fuyo (Fuji)) entstanden sind.[28] Obwohl die einzelnen Keiretsu sehr unterschiedlich sind, haben sie u. a. folgende Gemeinsamkeiten:[29]

- Technologie- und Personaltransfer zwischen den Gruppenunternehmungen
- gemeinsame Planung und Durchführung wichtiger Investitionsvorhaben
- zentrale Funktion des Generalhandelshauses

Neben dem engen Kreis der Unternehmungen im Keiretsu gibt es noch ein relativ weites Netz von Subkontrakt-Unternehmungen, die oft als kleine Familienbetriebe mit niedrigem Lohnniveau arbeitsintensive Tätigkeiten übernehmen. Die Subkontrakt-Unternehmungen sind meist stark in das

---

[24] H. Albach (1992) 665
[25] Der Begriff „strategische Gruppe" wurde in M. Hunt (1972) eingeführt und durch M. E. Porter (1983) 177 bekannt.
[26] vgl. J. Sydow (1992) 38
[27] vgl. J. Sydow (1991) 242
[28] vgl. J. Sydow (1992) 39f
[29] vgl. J. Sydow (1991) 244; zur Gesamtdarstellung eines Keiretsu siehe Anhang 1

strategische Netzwerk eingebunden und von diesem extrem abhängig.[30] Neben Lieferbeziehungen verbinden personelle Verflechtungen die Subkontrakt-Unternehmungen mit den Keiretsu; so werden Spezialkräfte vom Keiretsu zur Qualitätsverbesserung oder Kostensenkung der Vorprodukte an die Subkontrakt-Unternehmungen ausgeliehen und frühpensionierte Führungskräfte in Subkontrakt-Unternehmungen weiterbeschäftigt. Der Personalaustausch dient der Kontrolle, aber auch dem Ausgleich von Beschäftigungsschwankungen im Keiretsu.[31] Im Vergleich zu den eher partnerschaftlichen Beziehungen zwischen den Keiretsu-Unternehmungen sind die Beziehungen zu Subkontraktoren instabiler und mehr auf einseitige Ausnutzung durch den Keiretsu ausgerichtet. Lediglich das für Japan typische Streben nach Harmonie und die zum Teil aufgrund der Einzigartigkeit der Zulieferprodukte gegenseitige Abhängigkeit halten die fokale Unternehmung davon ab, durch Ausnutzung die Existenz der Subkontrakt-Unternehmungen zu gefährden.[32] Trotz der großen Vorteile (z. B. niedrige Gemeinkosten durch Wegfall einer Vertriebsabteilung bei den Subkontraktoren) werden in letzter Zeit die Grenzen einer auf Ausbeutung der Zulieferbetriebe gerichteten, hierarchischen Organisation der Netzwerkbeziehungen sichtbar:[33]

• Subkontraktoren konnten in den vergangenen Jahren mangels Gewinn keine Rücklagen für Produkt- und Prozeßinnovationen bilden.

• Wegen des niedrigen Lohnniveaus besteht bei den Subkontraktoren ein Mangel an ausreichend qualifizierten Arbeitskräften.

Für Entstehen und Erfolg der Keiretsu sind die dargestellte historische Entwicklung sowie die kulturellen und sozio-ökonomischen Bedingungen Japans wesentliche Voraussetzungen, die eine einfache Übertragung des Konzepts auf andere Länder unmöglich macht.[34]

2.1.1.4. *Hollow Organization*

Die Umwandlung von Industrieunternehmungen in Netzwerkunternehmungen, die wesentliche oder alle Fertigungsprozesse an andere, meist im Nied-

---

[30] Die Abhängigkeit geht von der Wahl der Einsatzstoffe, der Technologie, der Arbeitsorganisation bis hin zur Preisgestaltung ; vgl. J. Sydow (1991) 244f
[31] vgl. J. Sydow (1992) 44
[32] vgl. J. Sydow (1991) 245
[33] vgl. J. Sydow (1992) 44
[34] vgl. J. Sydow (1991) 248f

riglohn-Ausland ansässige Fertigungsunternehmungen übertragen und selbst die Verwaltung, Entwicklung und das Marketing übernehmen, wird insbesondere aus der makroökonomischen Perspektive häufig unter den Stichworten „Aushöhlung der Industrie" und „Hollow Organization" und „Hollow Corporation" kontrovers diskutiert.[35] Den Vorteilen in bezug auf Effizienz, Agilität und Flexibilität steht die Gefahr gegenüber, daß der Auslagerung der einfachen Fertigungsprozesse auch einfache Dienstleistungen und später die Entwicklung und Verwaltung folgen.[36] Auch sind Fertigungskontrollverluste und der Verlust von Fertigungs-Know-how Nachteile der Aushöhlung von Industrieunternehmungen.[37]

Berühmte Beispiele für die Aushöhlung sind: Nike (Sportschuhe, 3% Fertigungsmitarbeiter, Entwicklung in den USA, Fertigung in Asien), Esprit (Bekleidung, 15% Fertigungsmitarbeiter) und Ocean Pacific Sunwear (keine Fertigungsmitarbeiter). Schwinn Bicycle Co. (Fahrräder) lagerte die Fertigung mit Marketingargumenten aus:

„Als Fertigungsunternehmung hat man die Tendenz zu verkaufen, was man herstellen kann. Wir sind nun marktorientiert."[38]

Raymond E. Miles und Charles C. Snow bezeichnen eine so ausgehöhlte Unternehmung auch als Schaltbrettunternehmung und vergleichen ihre Tätigkeit mit der eines Brokers, dessen Hauptaufgabe im Herstellen von Verbindungen zwischen verschiedenen Fertigungs- und Dienstleistungsunternehmungen liegt.[39]

Zusammenfassend läßt sich sagen, daß die Hollow Organization ein makroökonomischer Begriff ist, der Industrieunternehmungen mit einer Fertigungstiefe nahe null bezeichnet.

2.1.2. Andere Konzepte

In diesem Abschnitt sollen einige Managementkonzepte erläutert werden, die ebenso wie die oben beschriebenen Netzwerkkonzepte zwischenbe-

---

[35] Der Begriff „Hollow Corporation" wurde von N. Jonas (1986) 53ff geprägt
[36] vgl. J. W. Wilson (1986) 63
[37] vgl. J. W. Wilson (1986) 63
[38] J. Townley, Schwinn Vize-Präsident; zitiert nach J. W. Wilson (1986) 62; Übersetzung vom Verfasser; im Originial heißt es:„When you are a manufacturing company, your mind-set tends to sell, what you can make. We are market-driven now."
[39] vgl. R. E. Miles und C. C. Snow (1984) 26

triebliche Kooperationen betreffen, bei denen der Netzwerkgedanke jedoch nicht im Vordergrund steht.

2.1.2.1. *Franchising*

Als Franchising wird eine Kooperation bezeichnet, bei der ein Hersteller (Franchise-Geber) mit selbständigen Handelsunternehmungen (Franchise-Nehmer) auf Grundlage eines Vertrags über den Vertrieb von Waren/Dienstleistungen unter einem einheitlichen Marketingkonzept zusammenarbeitet. Dabei übernimmt der Franchise-Geber die Verantwortung für die Entwicklung des Marketingkonzepts, die überregionale Werbung, die Bereitstellung von Markennamen/-zeichen und Dekorationsmaterial sowie die Schulung der Mitarbeiter und gewährt oft dem Franchise-Nehmer einen Gebietsschutz.[40] Das Franchising findet im Vertrieb häufig Anwendung, da es eine rasche Marktausdehnung mit geringem Kapitalrisiko erlaubt und mit den selbständigen Franchise-Nehmern sehr engagierte Vertriebspartner bietet.

Vom Franchising ist die Lizensierung zu unterscheiden, die eine gewerbliche Nutzung von Rechten durch einen anderen als den Rechtsinhaber ermöglicht. Die Lizensierung beinhaltet damit keine weiteren Dienstleistungen und ist nicht auf den Vertrieb beschränkt. Häufig lizensierte Rechte sind Patente, Gebrauchsmuster, Warenzeichen und Copyrights.

2.1.2.2. *Outsourcing*

Outsourcing bezeichnet die Auslagerung von Tätigkeiten, die eine Unternehmung in der Vergangenheit selbst und in eigener Regie ausgeführt hat, an ein oder mehrere rechtlich selbständige Unternehmungen. Die Auslagerung muß dabei jedoch nicht gleichzeitig eine Ausgliederung bedeuten; die Tätigkeiten können am gleichen Ort und von den gleichen Personen/Maschinen wie zuvor erfolgen, die Verantwortung und die Pflicht zur Leistungserbringung geht aber auf den neuen Träger über.[41] Besonders häufig ist das Outsourcing bei EDV-Dienstleistungen und einfachen Tätigkeiten, die nicht zu den Kernkompetenzen einer Unternehmung gehören (z. B. Reinigung der Büroräume etc.).

---

[40] vgl. Gabler Wirtschafts-Lexikon (1988) 1887
[41] vgl. P. Stahlknecht (1991) 406

Der Sinn des Outsourcing besteht in der Entlastung des Managements von der Führung und Verwaltung von Aufgaben, die nicht zu den Kernkompetenzen der Unternehmung gehören. Outsourcing entbindet die auslagernde Unternehmung jedoch nicht von der strategischen Planung der ausgelagerten Bereiche (insbesondere bei EDV-Dienstleistungen). Häufig werden Outsourcing-Verträge auch geschlossen, um Risiken abzuwälzen, Kapazitäten besser zu nutzen oder die sonst nötige Akquisition teurer Spezialisten zu umgehen. In der Regel haben Outsourcing-Verträge einen hohen Detaillierungsgrad. Mitunter wird die Bedeutung des Begriffs Outsourcing auch auf die Auslagerung von DV-Funktionen eingeschränkt.

Eine besondere Form des Outsourcing ist das Spin-Off, bei dem die auslagernde Unternehmung eine Tochterunternehmung gründet, die die ausgelagerten Tätigkeiten übernimmt (Ausgründung).

2.1.2.3. Joint Venture

Joint Ventures sind von zwei oder mehreren Unternehmungen gegründete und strategisch geführte Unternehmungen, an deren Kapital die Kooperationspartner zu etwa gleichen Teilen beteiligt sind.[42] In der Regel dienen Joint Ventures einer Unternehmung zur Internationalisierung unter restriktiven Bedingungen des Gastlandes und dem anderen Kooperationspartner zur Erlangung von Know-how von der ersten Unternehmung. Während der Begriff oft auf Gemeinschaftsunternehmungen im Rahmen einer Internationalisierungsstrategie eingeschränkt wird, gewinnen in letzter Zeit häufig auch Gemeinschaftsunternehmungen zum Zweck der Ressourcenbündelung an Bedeutung.[43]

Wird auf die Gründung einer rechtlich selbständigen Unternehmung verzichtet, wird dies vereinzelt als Joint Programme bezeichnet.[44]

---

[42] vgl. J. Sydow (1992) 64
[43] Solche Joint Ventures gibt es v. a. zur Entwicklung von hochkomplexen Produkten (z. B. Mikroprozessoren), zum Know-how-Transfer (z. B. zwischen Toyota und GM im Automobilbau) und zur Auslagerung von ressourcenintensiven Funktionen (z. B. Laborarbeiten im medizinischen Bereich).
[44] vgl. J. Sydow (1992) 64

2.2. Ausgewählte Rechtsbegriffe

Neben betriebswirtschaftlichen Begriffen für Allianzkonzepte gibt es auch juristische Begriffe, die die Kooperation zwischen Unternehmungen beschreiben. Diese Begriffe sind nicht nur deshalb für das Verständnis des begrifflichen Kontextes der virtuellen Unternehmung relevant, weil sie u. U. einen Sachverhalt ausdrücken, unter den die virtuelle Unternehmung zu subsumieren ist, sondern auch deshalb, weil sie in der betriebswirtschaftlichen Diskussion um Kooperationen eine Rolle spielen, bisweilen sogar als betriebswirtschaftliche Konzepte fehlinterpretiert werden.[45]

Da in diesem Überblick nur Begriffe erläutert werden sollen, deren Bedeutung jener der virtuellen Unternehmung ähnelt, wird hier auf die Erläuterung des Kartells verzichtet und lediglich das Konsortium, der Konzern und die Arbeitsgemeinschaft besprochen.

Ein Konsortium ist eine Vereinigung mehrerer Unternehmungen (Konsorten) zur gemeinsamen Durchführung eines Geschäfts in Form einer Gesellschaft bürgerlichen Rechts nach §705 BGB. Typische Konsortialgeschäfte sind die Emission von Wertpapieren[46] sowie die Finanzierung und Durchführung von Großprojekten (z. B. im Baugewerbe oder bei der Ölförderung).[47] Alle rechtlichen Einzelheiten werden im Gesellschaftsvertrag behandelt; das Ergebnis wird nach Quoten aufgeteilt.[48] Häufig werden Konsortien von einem Konsortialführer, der Mitglied des Konsortiums ist, geleitet.[49] Das Konsortium kann somit als rechtlicher Rahmen für eine Vielzahl von Unternehmungsnetzwerken und Kooperationen dienen.[50]

Ein Konzern[51] ist ein Verbund von einem rechtlich selbständigen, herrschenden und einem oder mehreren abhängigen, eingegliederten oder beherrschten Unternehmungen unter einheitlicher Leitung der herrschenden Unternehmung (§18 AktG). Ein Beherrschungsvertrag, eine Eingliederung

---

[45] Die Fehlinterpretation betrifft insbesondere die Arbeitsgemeinschaft, so u. a. in G. F. Weber und I. Walsh (1994) 26.

[46] in diesem, wohl häufigsten Fall sind die Konsorten Banken, es handelt sich um ein Bankkonsortium

[47] vgl. J. Sydow (1992) 73

[48] vgl. Gabler Wirtschaftslexikon (1988) 2935

[49] vgl. Gabler Wirtschaftslexikon (1988) 2935

[50] vgl. J. Sydow (1992) 73

[51] Neben dem hier dargestellten Unterordnungskonzern gibt es noch den selteneren Gleichordnungskonzern, bei dem die einheitliche Leitung ausschließlich durch Personalverflechtungen und/oder ein vertraglich bestimmtes Gemeinschaftsorgan ausgeübt wird.

oder eine wirtschaftliche Abhängigkeit sind somit konstitutiver Bestandteil des Konzerns. Die Abhängigkeit wird (widerlegbar) vermutet, wenn eine Unternehmung im Mehrheitsbesitz der herrschenden Unternehmung ist (§ 17 AktG). Die einheitliche Leitung ist dann begründet, wenn die beherrschende Unternehmung die Möglichkeit erhält, wesentliche Bereiche der Unternehmungspolitik abhängiger Unternehmungen mitzubestimmen (faktischer Konzern). Dieser Tatbestand ist oft in personellen Verflechtungen zwischen beherrschender und beherrschter Unternehmung begründet. Ein Konzern stellt damit den Spezialfall eines Unternehmungsnetzwerks dar, in dem eine einheitliche Leitung für alle Mitgliedsunternehmungen besteht.

Die Arbeitsgemeinschaft(ArGe) als Rechtsbegriff bezeichnet einen netzwerkartigen Zusammenschluß rechtlich und wirtschaftlich selbständiger Bauunternehmungen und Handwerker zur gemeinsamen Durchführung von größeren Bauvorhaben. Die Arbeitsgemeinschaft hat keine eigene Rechtspersönlichkeit. Eine der beteiligten Unternehmungen übernimmt die Federführung für das Projekt; die Leitung selbst wird einem von allen Unternehmungen besetzten Entscheidungsgremium unterstellt.[52]

2.3. Ein Qualitätsmaßstab für Definitionen

Die Frage, ob eine Begriffsbestimmung richtig oder falsch ist, kann nicht objektiv und eindeutig entschieden werden.[53] Die Qualität verschiedener Definitionen sollte deshalb an ihrer Adäquatheit gemessen werden, die Carnap mit den Kriterien Ähnlichkeit, Exaktheit, Fruchtbarkeit und Einfachheit präzisiert.[54]

Ähnlichkeit soll zwischen dem mit der Definition beschriebenen Sachverhalt und der häufigsten Bedeutung des erklärten Begriffs in der Literatur bestehen. Eine vollständige Übereinstimmung zwischen beschriebenem Sachverhalt und bisheriger Verwendung kann nicht gefordert werden, da der zu beschreibende Sachverhalt immer vager als die Beschreibung ist.[55] Sowohl die Art der Formulierung als auch die Art des Begriffs bestimmen die Exaktheit einer Definition. Es werden u. a. klassifikatorische, komparative und quantitative Begriffe unterschieden.[56] Ist es nicht möglich, einen

---

[52] vgl. J. Sydow (1992) 28
[53] vgl. R. Carnap (1959) 12
[54] vgl. R. Carnap (1959) 15
[55] vgl. R. Carnap (1959) 13f
[56] vgl. R. Carnap (1959) 15

Sachverhalt zu quantifizieren, so dient es doch der Exaktheit, einen komparativen Begriff zu wählen, da dieser nicht nur Aussagen über die Subsumierbarkeit eines Sachverhaltes unter einen Begriff (hier die virtuelle Unternehmung), sondern auch Ähnlichkeitsvergleiche mit dem beschriebenen Sachverhalt (z. B. Virtualität) zuläßt.

Als fruchtbar können solche Definitionen bezeichnet werden, die die Formulierung vieler genereller Aussagen über den definierten Begriff erlauben.[57] Strukturähnlichkeit der unter einen Begriff subsumierten Sachverhalte erhöht somit die Fruchtbarkeit. Deckt sich der beschriebene Sachverhalt mit der Bedeutung eines anderen Begriffs, kann eine Definition nicht als fruchtbar bezeichnet werden.

2.4. Definitionsversuche in der Literatur

Die Idee der virtuellen Unternehmung hat ihren Ursprung in der Vision einer Organisationsform, die Miles und Snow dynamisches Netzwerk nennen:

„Wir erwarten, daß die Unternehmung des 21. Jahrhunderts eine temporäre Organisation ist, die durch einen Unternehmer mit Hilfe von Brokern zusammengebracht und durch ein Netzwerk von vertraglichen Verbindungen zusammengehalten wird. In einigen Fällen [...] werden die Verbindungen unter Gleichen auf Anfrage von spezialisierten Brokern hergestellt."[58]

Doch auch vor dieser bekanntgewordenen Vision gab es unbekanntere Ideen von einer temporären Allianz. Bei einem Versuch, einen zur Untersuchung von Netzwerken adäquaten Begriffsapparat zu schaffen, führten Aldrich und Whetten die Begriffe organization-set und action-set ein. Während das organization-set als die Menge aller Beziehungen einer fokalen Organisation zu Personen und Organisationen außerhalb der Organisation definiert wird, beschreiben sie das action-set als

---

[57] vgl. R. Carnap (1959) 14

[58] R. E. Miles und C. C. Snow (1984) 26f; Übersetzung vom Verfasser; im Original heißt es: „Thus, we expect the 21st century firm to be a temporary organization, brought together by an entrepreneur with aid of brokers and maintained by a network of contractual ties. In some [...] cases, linkages among equals may be created by request through various brokers specializing in a particular service."

„[...]eine Gruppe von Organisationen, die eine temporäre Allianz für einen abgegrenzten Zweck gründen."[59]

Im Rahmen einer Untersuchung von Bauprojekten prägt Robert G. Eccles[60] den Begriff Quasifirma für die relativ stabilen Beziehungen zwischen Generalunternehmung und Subunternehmung. Dieser Begriff wird später zur Untersuchung von Organisationen im Gesundheitswesen ausgedehnt auf

„[...] lose miteinander verbundene, interorganisationale Arrangements mit strategischer Zielsetzung"[61].

Die Urheberschaft an der virtuellen Unternehmung als Begriff für interorganisationale Netzwerke ist zwischen Hopland, Nagel und dem Autorenteam Davidow und Malone umstritten.[62] Die Definitionen der hier genannten Personen werden in den folgenden Abschnitten vorgestellt und erörtert. Außerdem sollen eigenständige Definitionsversuche der Autoren Mertens, Olbrich und Byrne erläutert werden, da diese Begriffsbestimmungen unterschiedliche Ansätze verkörpern, denen sich weitere Autoren angeschlossen haben. Als Qualitätsmaßstab für die Definitionen wird die in Abschnitt 2.1 erläuterte Adäquatheit verwandt, deren Kriterien jeweils geprüft werden.

Die Begriffe virtuelle Unternehmung und virtuelle Organisation werden hier als Synonyme betrachtet. Definitionen der virtuellen Unternehmung, die dem Grundverständnis als interorganisationales Netzwerk widersprechen,[63] werden im folgenden nicht erörtert, da sie dem Kriterium der Ähnlichkeit[64] nicht genügen und somit als minderwertig einzustufen sind. Auch wird auf die Diskussion unbeachteter ähnlicher Begriffe[65] verzichtet.

2.4.1. Definitionsversuch von Hopland

Hopland, der den Begriff virtuelle Unternehmung wahrscheinlich geprägt hat, beschreibt ihn als

---

[59] H. Aldrich und D. A. Whetten (1981) 387; Übersetzung vom Verfasser; im Original heißt es: „a group of organizations that have formed a temporary alliance for a limited purpose."

[60] vgl. R. G. Eccles (1981) 3355ff

[61] R. D. Luke et al (1989) 11; Übersetzung vom Verfasser; im Original heißt es : „[...] loosely coupled interorganizational arrangements with strategic purpose"

[62] vgl. J. A. Byrne (1993) 41

[63] z. B. das Verständnis von virtueller Organisation in S. E. Bleecker (1994) 9ff und das der virtuellen Unternehmung bei R. Kuttner (1993) 12

[64] vgl. Abschnitt 2.1

„[...] eine Unternehmung, die durch Zusammenarbeit innerhalb und außerhalb der Unternehmungsgrenzen über Ressourcen verfügen kann, die außerhalb ihres Eigentums liegen."[66]

Das, was diese Beschreibung ausdrücken möchte, kann ohne Schwierigkeiten mit dem identifiziert werden, was vorwiegend in der Literatur als virtuelle Unternehmung bezeichnet wird (Ähnlichkeit). Dem Begriff mangelt es jedoch an Exaktheit, da das, was als Zusammenarbeit innerhalb und außerhalb der Unternehmungsgrenzen bezeichnet wird, nicht weiter erläutert wird. Die Beschreibung kann so verstanden werden, daß sowohl Joint Ventures als auch einfache Zulieferbeziehungen solche Kooperationsformen sind und somit jede Unternehmung mit einer Fertigungstiefe unterhalb von 100% unter dem Begriff virtuelle Unternehmung zu verstehen sind. Angesichts der Häufigkeit von Eigentumsvorbehalten scheint die Abgrenzung der virtuellen Unternehmung über die Verfügungsrechte außerhalb des Eigentums schwach. Werden nun alle Unternehmungen, die in irgendeiner Weise durch Zusammenarbeit über nicht eigene Ressourcen verfügen (das sind quasi alle) als virtuelle Unternehmung bezeichnet, so kann von einer Strukturähnlichkeit der so bezeichneten Sachverhalte und damit von Fruchtbarkeit der Definition keine Rede mehr sein. Auch das Kriterium der Einfachheit wird durch die überflüssige Einbeziehung der unspezifizierten Unternehmungsgrenzen in die Definition nicht erfüllt.

Zusammenfassend läßt sich feststellen, daß nur bei wohlwollender Interpretation der Beschreibung der Sachverhalt erkennbar wird, der in der Literatur unter der Bezeichnung virtuelle Unternehmung untersucht wird. Ein Definitionsansatz, der, wie der von Jan Hopland, allein auf der Eigenschaft „virtuell" im Sinne von „mit Zugriffsmöglichkeit auf fremde Ressourcen" aufbaut, führt damit nicht zu einer adäquaten Begriffsabgrenzung.

2.4.2. Definitionsversuch von Nagel

Für Nagel, der sich als Urheber des Begriffs virtuelle Unternehmung sieht, bedeutet das damit beschriebene Konzept

---

[65] z. B. virtual venture in T. Valovic (1993) 48

[66] J. Hopland zitiert nach J. A. Byrne (1993) 41; Übersetzung vom Verfasser; im Original heißt es: „an enterprise that can marshal more ressources than it currently has on its own, using collaborations both inside and outside its boundaries"

„im wesentlichen die Verwendung von Technologie, um ein weites Feld von temporären Allianzen mit Anderen zu führen um spezifische Marktmöglichkeiten zu ergreifen."[67]

Diese Würdigung der Wichtigkeit von Technologie im Allianzmanagement ist als Definition trotz der Einschränkung auf temporäre Allianzen zur Ausnutzung von Marktgelegenheiten im Mangel an Exaktheit kaum zu übertreffen. Schon die Formulierung „im wesentlichen" deutet darauf hin, daß außer dem beschriebenen Sachverhalt noch weitere unter den Begriff virtuelle Unternehmungen fallen. Alle Allianzen sind auf lange Sicht temporär; daher sollte die Definition auf intendiert temporäre Allianzen eingeschränkt werden. Da sich in der Definition kein Anhaltspunkt findet, der zum Beispiel die Bezeichnung von Joint Ventures, die computergestützte Managementinformationssysteme (MIS) verwenden, als virtuelle Unternehmung ausschließt, ist auch das Kriterium der Ähnlichkeit des Begriffs zur in der Literatur üblichen Verwendung nur eingeschränkt erfüllt.

Dem Verfasser scheint es unplausibel, daß sich über einen derart unspezifizierten Sachverhalt eine Vielzahl von sinnreichen und wahren generellen Aussagen finden läßt, weshalb die Eigenschaft der Fruchtbarkeit der Definition hier nicht vermutet wird. Lediglich die Einfachheit der Definition kann (abgesehen von der überflüssigen Formulierung „mit Anderen") bestätigt werden.

Obschon die Definition zusammenfassend als inadäquat bezeichnet werden muß, beschreibt das Zitat einige für virtuelle Unternehmungen neben der Virtualität typische Eigenschaften: es handelt sich um intendiert temporäre Allianzen, die Marktchancen ausnutzen sollen; (Informations-)Technologie spielt beim Management von virtuellen Unternehmungen eine wesentliche Rolle. Die Zusammenfassung dieser Eigenschaften führt jedoch, wie gezeigt, nicht zu einer adäquaten Definition.

2.4.3. Definitionsversuch von Davidow und Malone

Davidow und Malone dehnen in ihrem Buch[68] die Bedeutung des Begriffs „virtuelle Unternehmung" mit der Unterordnung von Schlagwörtern aus der Managementliteratur unter das Konzept der virtuellen Unternehmung derart

---

[67] R. N. Nagel zitiert nach J. A. Byrne (1993) 41; Übersetzung vom Verfasser; im Original heißt es: „largely means using technology to execute a wide array of temporary alliances with others in order to grasp specific market opportunities."

[68] W. H. Davidow und M. S. Malone (1992)

aus, daß der Eindruck entsteht, es sei von der virtuosen Unternehmung die Rede.[69]

Die Autoren vermeiden jede Definition der virtuellen Unternehmung und werden nur einmal etwas konkreter:

„Für den außenstehenden Beobachter wird sie [die virtuelle Unternehmung] als vorwiegend grenzenlos erscheinen, mit durchlässigen, ständig wechselnden Schnittstellen zwischen Unternehmung, Zulieferern und Kunden."[70]

Mit diesem Zitat wird angedeutet, daß es sich bei virtuellen Unternehmungen um ein Netzwerk von Unternehmungen handelt, in dem neben der eigentlichen Fertigungsunternehmung Zulieferer und Kunden Mitglied sind. Als Definition braucht das obige Zitat keiner kritischen Würdigung unterzogen werden, da die Inadäquatheit offensichtlich ist.

Die vorwiegende Bedeutung des Begriffs „virtuelle Unternehmung" in o. g. Buch scheint dem Verfasser die als Anbieter von „virtuellen Produkten" zu sein. Virtuelle Produkte werden dabei mit Halls Worten beschrieben:

„Diese Produkte werden sich nicht nur durch ihre Form und Funktion unterscheiden, sondern auch durch die Dienstleistungen, die mit dem Produkt bereitgestellt werden, einschließlich der Möglichkeit für den Kunden, in den Produktentwicklungsprozeß eingebunden zu werden. ... Eine Fertigungsunternehmung wird nicht nur eine isolierte Fabrikationseinheit sein, sondern eher ein Knoten in einem komplexen Netzwerk von Zulieferern, Kunden, Entwurf und anderen Dienstleistungsfunktionen."[71]

Das Verständnis der virtuellen Unternehmung als Anbieter von Produkten mit Dienstleistungen, bei dem der Kunde auf die Entwicklung des Produkts Einfluß ausüben kann, entspricht nicht dem in der Literatur vorherrschenden; eine von den Autoren gegebene implizite Definition würde also schon das Kriterium Ähnlichkeit nicht erfüllen.

Vogt versucht, dem Buch von Davidow und Malone eine Definition zu extrahieren, indem sie scheinbar wahllos drei Zitate aus dem Buch nimmt

---

[69] vgl. J. A. Byrne (1993) 41

[70] W. H. Davidow und M. S. Malone (1992) 5; Übersetzung vom Verfasser; im Original heißt es: „To the outside observer, it will appear almost edgeless, with permeable and continuously changing interfaces between company, supplier and customers."

[71] E. Hall zitiert nach W. H. Davidow und M. S. Malone (1992) 6; Übersetzung vom Verfasser; im Original heißt es: „These products will be differenciated not only by form and function, but also by the services provided with the product, including the ability for the customer to be involved in the design of the product. ... A manufacturing company will not be an isolated facility of production but rather a node in the complex network of suppliers, customers, engineering and other „service" functions."

und großzügig so interpretiert, daß daraus drei „Bedingungen" für virtuelle Unternehmungen erkennbar werden. Auf das Wesentliche verkürzt sind das die Folgenden:[72]

1. Kundenorientierung

2. Flexible, nicht-hierarchische Netzwerkstruktur und Akzent auf Einfluß statt Eigentum

3. Vorhandensein einer leistungsstarken Kommunikationsinfrastruktur.

Eine Definition der virtuellen Unternehmung als ein Gebilde, das die drei genannten Bedingungen erfüllt, kann als dem vorherrschenden Verständnis der virtuellen Unternehmung ähnlich eingestuft werden.

Exaktheit als Eigenschaft kann der Definition in keiner der drei Bedingungen zugestanden werden: weder die Kundenorientierung noch der Akzent auf Einfluß statt Eigentum kann sinnvoll abgegrenzt werden. Auch die Forderungen an eine leistungsstarke Kommunikationsinfrastruktur werden nicht erläutert. Der nicht auf das Wesentliche reduzierte Originaltext weist in der Formulierung deutlich weniger Exaktheit auf, so daß insbesondere die Originalfassung nicht als exakt gewertet werden kann.

Die Definition kann durchaus als fruchtbar bezeichnet werden, da die gemeinten Sachverhalte strukturähnlich und nicht mit dem Inhalt eines anderen Begriffs identisch sind. Einfach hingegen ist diese Definition nicht, da sie auf die Infrastruktur zurückgreift, die außerhalb der virtuellen Unternehmung liegt und somit für eine virtuelle Unternehmung nur schwer als konstitutiv angenommen werden kann. Eher wäre eine Definition, die nur die ersten zwei Bedingungen stellt, als einfach zu bezeichnen.

Zusammenfassend läßt sich sagen, daß die Definition, obwohl ihre Qualität die der anderen bereits vorgestellten Begriffsbestimmungen übertrifft, nicht adäquat ist. Die gegebene Definition kann jedoch ein guter Ausgangspunkt sein, um mit Vereinfachungen und Präzisierungen zu einer adäquaten Definition des klassifikatorischen Begriffs virtuelle Unternehmung zu kommen.

2.4.4. Definitionsversuche von Mertens und Olbrich

Mertens beschreibt in seinem Überblicksartikel die virtuelle Unternehmung als extreme Dominanz der Ablauf- über die Aufbauorganisation und

---

[72] vgl. G. G. Vogt (1994) 7

als konsequente Fortsetzung der Prozeßorientierung sowie der zwischenbetrieblichen Integration der Informationsverarbeitung.[73] Er definiert dabei die virtuelle Unternehmung als

„überbetriebliche Kooperationen zur Durchführung von Missionen, wobei man auf die zeitraubende Gründung neuer Einrichtungen, etwa vertraglich abgesicherter Joint Ventures oder Konsortien, den Kauf neuer Tochtergesellschaften oder die Errichtung eines Gemeinschaftsunternehmens zweier Konzerne verzichtet."[74]

Im weiteren schließt Mertens jedoch nicht aus, daß neben den Unternehmungsverbünden zur Durchführung von zeitlich begrenzten Kooperationen auch solche als virtuelle Unternehmung gelten, die auf Dauer angelegt sind. Das von ihm gewählte Beispiel[75] stammt aus der letzteren Gruppe. Die weite Fassung der Definition stimmt nicht mit dem in der Literatur vorherrschenden Verständnis von virtuellen Unternehmungen überein, weshalb die Ähnlichkeit nur für die engere Fassung gegeben ist. Auch wenn unter Missionen mit Mertens zeitlich begrenzte Vorhaben verstanden werden, ist die Formulierung nicht einfach, da eine nicht institutionalisierte überbetriebliche Kooperation für Missionen das zu beschreibende Objekt wesentlich besser herausgearbeitet hätte als eine redundante Aufzählung von neuen Einrichtungen. Auch kann die Definition dahingehend verstanden werden, daß die Nutzung bestehender Einrichtungen für überbetriebliche Kooperationen (z. B. Weiternutzung eines bestehenden Joint Venture mit einer neuen Mission) mit dem Begriff virtuelle Unternehmung verträglich sei. Damit wird jedoch neben der Ähnlichkeit und der Exaktheit auch die Strukturähnlichkeit der beschriebenen Sachverhalte zerstört, so daß diese Definition nicht als adäquat eingestuft werden kann. Eine Definition der virtuellen Unternehmung wesentlich auf ihrem Zweck aufzubauen scheint somit kein sinnvoller Weg zu einer adäquaten Begriffsbestimmung zu sein.

---

[73] vgl. P. Mertens (1994) 169
[74] P. Mertens (1994) 169
[75] die Rosenbluth International Alliance (RIA), siehe hierzu E. K. Clemons, M. C. Row und D. B. Miller (1992)

Olbrich bietet in seinem Artikel zur virtuellen Unternehmung gleich drei Begriffsbestimmungen. Die erste davon setzt auf der von Mertens auf:

„Dominierende Zielsetzung der Errichtung von [... virtuellen Unternehmungen] ist die Realisierung zeitlich begrenzter Marktpotentiale durch Kooperationen ohne den üblicherweise damit verbundenen Aufwand, zum Beispiel durch die Einrichtung von Gemeinschaftsunternehmen"[76]

Würde diese Formulierung nicht vom Autor selbst als Definition bezeichnet, wäre sie als Zielsetzung eine durchaus sinnvolle Beschreibung. Abgesehen von der Forderung der zeitlichen Begrenzung wird die oben diskutierte Definition von Mertens hiermit aber nicht verbessert; durch den Austausch des Verzichts auf neue Einrichtungen gegen einen Verzicht auf den üblicherweise mit Kooperationen verbundenen Aufwand nimmt die Qualität der Definition sogar ab. Eine weitere kritische Würdigung dieses Definitionsversuchs kann daher entfallen.

Als zweite Definition bietet Olbrich eine Aufzählung von vier Merkmalen an:

„
- der unternehmensübergreifende Charakter
- die zeitliche Restriktion
- Flexibilität
- die Vermeidung von irreversiblen Kosten durch die Errichtung von Pseudo- oder Quasi-Unternehmen"[77].

Offensichtlich entspricht der gemeinte Inhalt der vorherrschenden Verwendung des Begriffs virtuelle Unternehmung (Ähnlichkeit). Leider wird nicht erklärt, was unter Pseudo-Unternehmen zu verstehen ist. Wenn Joint Ventures keine solchen Pseudo-Unternehmen sind, so läßt sich unter die Definition ein weites Spektrum von Sachverhalten fassen, das von Gemeinschaftsunternehmungen bis zum Outsourcing reicht, sofern jeweils eine zeitliche Restriktion vorliegt. Auch das Merkmal Flexibilität wird nicht weiter operationalisiert. Eine Definition der virtuellen Unternehmung als ein Gebilde, das die vier genannten Merkmale aufweist, ist somit weder exakt noch fruchtbar. Auch diese Begriffsbeschreibung ist, wenngleich einfach, nicht adäquat.

---

[76] T. J. Olbrich (1994) 28
[77] T. J. Olbrich (1994) 29

Nach einer dritten Definition von Olbrich ist die virtuelle Unternehmung

„im Sinne einer Kooperationseinheit als der „Ort" anzusehen, von dem aus die jeweils erforderlichen Kompetenzen und Ressourcen der Kooperationspartner als Bündel zielgerichtet wirken sollen."[78]

Dieser Begriffsbestimmung fehlen einige wesentliche Merkmale, die Olbrich in seinem zweiten Definitionsversuch noch als konstitutiv betrachtete. So ist von einer zeitlichen Restriktion nicht mehr die Rede. Daß eine virtuelle Unternehmung kein Keiretsu und kein Joint Venture ist, läßt sich nur aus den Anführungszeichen erahnen, in die der Begriff Ort gesetzt ist. Die Definition entspricht damit weder dem üblichen Verständnis der virtuellen Unternehmung noch ist sie exakt. Eine Strukturähnlichkeit zwischen den unter die Definition subsumierbaren Sachverhalte ist aufgrund der breiten Interpretationsfähigkeit nicht gegeben. Auch diese Definition ist, obwohl sie einfach ist, nicht adäquat.

Trotz der mangelnden Qualität ist der dritte Definitionsversuch von Olbrich interessant, da er die nicht institutionalisierte virtuelle Unternehmung als den gedachten Ort begreift, an dem Unternehmungsfunktionen wahrgenommen werden. Eine solche Perspektive kann ein fruchtbarer Ausgangspunkt auf dem Weg zu einer adäquaten Begriffsbestimmung für die virtuelle Unternehmung sein.

2.4.5. *Definitionsversuch von Byrne*

Die wohl meistrezipierte Arbeit zum Thema virtuelle Unternehmung ist die von Byrne.[79] In dessen Artikel wird die virtuelle Unternehmung definiert als

„ein temporäres Netzwerk von Unternehmungen, das schnell zusammenkommt, um schnell wechselnde Marktchancen zu nutzen. In einer virtuellen Unternehmung können Unternehmungen Kosten, Fähigkeiten und globalen Marktzugang teilen, wobei jeder gibt, was er am besten kann."[80]

Diese Definition trifft den Kern dessen, was unter einer virtuellen Unternehmung in der Literatur verstanden wird (Ähnlichkeit). Die Beschreibung als temporäres Netzwerk weist den in Abschnitt 2.4.2 besprochenen Mangel

---

[78] T. J. Olbrich (1994) 29

[79] J. A. Byrne (1993) 36ff

[80] J. A. Byrne (19993) 36; Übersetzung vom Verfasser; im Original heißt es: „a temporary network of companies that come together quickly to exploit fast-changing opportunities. In a Virtual Corporation, companies can share costs, skills and access to global markets, with each partner contributing what it`s best at."

auf, der mit einer Ersetzung durch intendiert temporäre Netzwerke behoben werden kann. Die unspezifizierte Aufnahme der Geschwindigkeit „schnell" in die Definition ist kritisch.

Das Merkmal Institutionalisierung des Netzwerkes bleibt hier offen, was die Strukturähnlichkeit der Sachverhalte und damit die Fruchtbarkeit mindert, die Gestaltungsspielräume bei der Aufbauorganisation der virtuellen Unternehmung hingegen erhöht. Die Definition ist durch die Aufnahme der Möglichkeiten von Mitgliedern des temporären Netzwerkes nicht mehr als einfach zu klassifizieren.

Zusammenfassend kann gesagt werden, daß die Definition von Byrne, obschon mit Mängeln behaftet, an Qualität die bisher vorgestellten Definitionen weit übertrifft.

Weber und Walsh greifen die Definition von Byrne auf und variieren sie leicht. Damit kommen sie zu zwei Begriffsbestimmungen, von denen die erste lautet:

„Eine virtuelle Organisation ist ein temporäres Netzwerk von unabhängigen Firmen - Zulieferern, Kunden, sogar Konkurrenten - verknüpft durch eine Informationstechnologie, um sich Kosten zu teilen, Fähigkeiten zu ergänzen und Märkte gemeinsam zu erschließen. Es gibt weder einen Hauptsitz noch ein Organigramm. Jede Firma bringt nur ihre jeweiligen Kernkompetenzen ein."[81]

Damit schränken die Autoren die virtuelle Unternehmung auf Netzwerke ein, die nicht institutionalisiert sind. Die problematische Einbeziehung der Geschwindigkeit in die Definition entfällt hier, dafür wird überflüssigerweise die Bedeutung einer nicht weiter spezifizierten Informationstechnologie in die Definition aufgenommen. Auch die Erwähnung der Absenz eines Organigramms ist problematisch, da das Nichtvorhandensein eines Organisationsplans wohl kaum als konstitutiv für virtuelle Unternehmungen gemeint ist, sondern lediglich die Nichtinstitutionalisierung verdeutlichen soll. Zusammenfassend ist diese Variation von Byrnes Definition ähnlich zu beurteilen, wie das Original.

Die zweite Definition der Autoren Weber und Walsh ist prägnanter; sie lautet:

„Die virtuelle Organisation ist ein zunächst auf Zeit ausgelegtes Netzwerk, um Fähigkeiten und Kompetenzen gemeinsam zu nutzen."[82]

Damit wird erstmals die virtuelle Unternehmung als intendiert temporär beschrieben. Die Institutionalisierung des Netzwerkes bleibt offen. Damit

---

[81] G. F. Weber und I. Walsh (1994) 24
[82] G. F. Weber und I. Walsh (1994) 25

werden, wie schon oben festgestellt, Exaktheit und Fruchtbarkeit zugunsten eines größeren Spielraumes bei der Gestaltung der Aufbauorganisation virtueller Unternehmungen leicht eingeschränkt. Die Aufnahme des Zwecks der virtuellen Unternehmung in deren Definition ist jedoch kritisch und beschränkt die Einfachheit. Zusammenfassend kann diese Definition als weitere Verbesserung der Begriffsbestimmung von John A. Byrne gewertet werden.

Womack und Jones greifen den Aspekt Geschwindigkeit aus der Definition von Byrne auf und beschreiben virtuelle Unternehmungen als Gebilde,

„[...] in denen „steckkompatible" Unternehmungen entlang der Wertschöpfungskette kommen und gehen [...]".[83]

Auch diese Definition trifft die Bedeutung des Begriffs virtuelle Unternehmung in der Literatur (Ähnlichkeit). Sie ist jedoch nicht exakt, da der Begriff Steckkompatibilität ungenau bleibt; als schwache Form der Steckkompatibilität könnte schon die Fähigkeit einer Unternehmung, an einem oder mehreren Märkten autonom aufzutreten, verstanden werden, so daß Märkte als virtuelle Unternehmungen bezeichnet werden können. Damit verlieren auch die unter die Begriffsbestimmung subsumierbaren Sachverhalte ihre Strukturähnlichkeit (Fruchtbarkeit).

Das gegebene Zitat beleuchtet einen interessanten Aspekt der virtuellen Unternehmung und der gemeinte Sachverhalt kann durchaus erkannt werden. Die Formulierung ist einfach, jedoch so wenig exakt, daß sie als Definition der virtuellen Unternehmung nicht adäquat ist.

Stefan Klein, dessen Begriffsbestimmung sich auf Byrne zurückführen läßt, definiert die virtuelle Unternehmung wie folgt:

„In institutioneller Perspektive ist virtuelle Organisation ein - häufig kooperatives, flexibles - Netzwerk rechtlich selbständiger Unternehmungen, die Ressourcen gemeinsam nutzen und in die gemeinsame Organisation ihre jeweiligen Stärken einbringen. Die Verbundorganisation verzichtet dabei weitgehend auf die Institutionalisierung zentraler Funktionen und hierarchischer Gestaltungsprinzipien. Sie ist vielmehr in aller Regel nur auf Zeit angelegt."[84]

Diese Definition nimmt der von Byrne nahezu alle für virtuelle Unternehmungen spezifischen Charakteristika. Sind die mit Formulierungen wie „häufig", „weitgehend" und „in aller Regel" eingeleiteten Sätze und Teil-

---

[83] J. P. Womack und D. T. Jones (1993) 103; Übersetzung vom Verfasser; im Original heißt es: „[...] in which „plug-compatible" members of the value stream come and go [...]"

[84] S. Klein (1994) 309; Hervorhebungen im Original wurden im Zitat weggelassen.

sätze als Bedingungen optional, so ist die Definition nicht nur unnötig komplex (also nicht einfach), sondern so ungenau (Exaktheit), daß sich alle Unternehmungsnetzwerke der gegebenen Begriffsbestimmung unterordnen lassen. Damit genügt diese Begriffsbestimmung weder dem Kriterium Fruchtbarkeit noch der Ähnlichkeit. Die Qualität der zitierten Definition muß als gering bezeichnet werden.

Wird auf die Abschwächungen verzichtet, so entsteht eine Begriffsbestimmung der virtuellen Unternehmung als nicht institutionalisiertes, nicht hierarchisches, intendiert temporäres Unternehmungsnetzwerk, dessen Mitglieder Ressourcen gemeinsam nutzen und in die Organisation jeweils ihre Kernkompetenzen einbringen. Diese Definition beschreibt gut, was unter der virtuellen Unternehmung zu verstehen ist (Ähnlichkeit), ist exakt und fruchtbar. Die Qualität der verbesserten Begriffsbestimmung wird nur durch die wegen Redundanzen nicht gegebene Einfachheit beeinträchtigt.

2.5. Eine Definition der virtuellen Unternehmung

Die obige Diskussion bekannter Definitionen der virtuellen Unternehmung solite beim Leser ein Grundverständnis davon geschaffen haben, was unter einer virtuellen Unternehmung zu verstehen ist. In diesem Abschnitt soll versucht werden, dieses Grundverständnis in eine möglichst hochwertige Definition der virtuellen Unternehmung umzusetzen.

2.5.1. *Virtualität*

Wie bereits in Abschnitt 2.1 angedeutet, soll hier zur Steigerung der Exaktheit der Definition versucht werden, auf dem komparativen Begriff Virtualität aufzubauen.

Weber und Walsh definieren Virtualität als klassifikatorischen Begriff:

„Virtuell bedeutet ja, daß alle wesentlichen Merkmale eines Objekts vorhanden sind, außer dem Objekt an sich."[85]

Das Begriffskonstrukt „virtuelle Unternehmung" geht auf eine Analogie zum virtuellen Speicher zurück. Dieser Speicher erscheint dem Benutzer eines Computers in vollem Umfang als Schnellspeicher vorhanden zu sein, tatsächlich werden aber die aktuell nicht benutzten Speicherbereiche mit

---

[85]   G. F. Weber und I. Walsh (1994) 24

sog. Paging-Algorithmen auf einen langsameren Sekundärspeicher ausgelagert. Bei Bedarf wird ein Speicherinhalt in den Schnellspeicher zurückgeladen, ohne daß der Benutzer des Computers dies merkt.

Diese Trennung zwischen Logischem (scheinbar vorhandenem) und Physischem wird auf die virtuelle Unternehmung übertragen, wo zwischen logischen und physischen Ressourcen unterschieden werden kann.[86] Die Bedeutung von Virtualität darf jedoch nicht so mißverstanden werden, daß das scheinbar Vorhandene tatsächlich inexistent ist.[87] Die „Täuschung" besteht lediglich in der Form der Existenz. So ist zum Beispiel beim virtuellen Speicher ein Schnellspeicher vorhanden und auch ein Sekundärspeicher, der die vom Schnellspeicher vermutete Größe hat. Daher bedeutet Virtualität übertragen auf die virtuelle Unternehmung nicht zwangsläufig eine ausgehöhlte Organisation[88].

Um den Übergang vom Verständnis der Virtualität als klassifikatorischem zum komparativen Begriff zu schaffen, ist es hilfreich, sich auf den Ursprung des Wortes Virtualität zurückzubesinnen. Die ursprüngliche Bedeutung von Virtualität ist die, daß das Wirkungsvermögen eines virtuellen Subjekts dessen eigene Kräfte übersteigt. So kann eine Unternehmung verschiedene Grade der Virtualität haben, je nach dem Grad, in dem das Potential der Unternehmung die ihr wirtschaftlich zuzurechnenden Kräfte[89] übersteigt. Das Spektrum ginge dann von einer stark vertikal integrierten Unternehmung über die Hollow Organization[90] bis hin zu einem nicht institutionalisierten Netzwerk.

2.5.2. Virtuelle Unternehmung

Bei den oben diskutierten Definitionsversuchen fällt auf, daß die virtuelle Unternehmung regelmäßig als ein Netzwerk beschrieben wird; weshalb dieses Netzwerk als Unternehmung bezeichnet wird, ist aus diesen Begriffsbestimmungen nicht erkennbar.

---

[86]   vgl. A. Mowschowitz (1986) 389
[87]   Ein solches Mißverständnis findet sich im angegebenen Zitat von G. F. Weber und
       I. Walsh (1994) 24 sowie bei T. J. Olbrich (1994).
[88]   vgl. Abschnitt 2.2.1.4
[89]   Die wirtschaftliche Zurechenbarkeit wird hier im Sinne eines Nutzungsrechtes an
       Gütern und Dienstleistungen verstanden.
[90]   vgl. Abschnitt 2.2.1.4

Eine Unternehmung ist eine Wirtschaftseinheit,

„die autonom und im Privateigentum der Eigenkapitalgeber befindlich [...] regelmäßig und [...] in planmäßig organisierter Weise über den Eigenbedarf hinaus die Gewinnung, Erstellung, Bereitstellung oder Verteilung von Gütern oder Dienstleistungen betreibt."[91].

Es liegt nahe, die virtuelle Unternehmung als eine Unternehmung zu definieren, die das Merkmal Virtualität in hohem Maße aufweist. Eine solche Definition ist aber mit dem allgemeinen Verständnis der virtuellen Unternehmung in der Literatur nicht vereinbar, da sie zum Beispiel die Einordnung von Keiretsu als virtuelle Unternehmungen zuläßt. Offensichtlich sind weitere Restriktionen notwendig.

Eine möglicherweise hilfreiche Einschränkung findet sich in der Merkmalsliste von Vogt: flexible, nicht hierarchische Netzwerkstruktur und Akzent auf Einfluß statt Eigentum. Während das Merkmal des Akzents durch das Attribut virtuell abgedeckt ist, kann die Hierarchielosigkeit zur Abgrenzung der virtuellen Unternehmung gegenüber Netzwerken wie dem Keiretsu sinnvoll sein. Werden diese Merkmale mit der fruchtbaren Perspektive, die in Olbrichs letzter Definition zum Ausdruck kommt, verbunden, so kann eine virtuelle Unternehmung in erster Näherung als ein virtuelles, heterarchisches Unternehmungsnetzwerk, das selbst alle Unternehmungscharakteristika aufweist, beschrieben werden.

Häufig werden Definitionen der virtuellen Unternehmung mit einem weiteren konstitutiven Merkmal versehen: dem Zweck der Ausnutzung schnell vergehender Marktchancen oder der Anlage des Netzwerkes auf Zeit.[92] Beide Merkmale kennzeichnen den gleichen Sachverhalt: weil virtuelle Unternehmungen schnell wechselnde Marktchancen ausnutzen sollen, ist die Konfiguration einer virtuellen Unternehmung intendiert temporär. Wird dieses, für die letzte Definition der Autoren Weber und Walsh wesentliche Merkmal der virtuellen Unternehmung in die obige Definition eingebaut, so kann gesagt werden:

Eine virtuelle Unternehmung ist ein virtuelles, heterarchisches, zunächst auf die Ausnutzung einer temporären Marktchance gerichtetes Unternehmungsnetzwerk, das selbst alle Unternehmungseigenschaften aufweist.

Diese Definition ähnelt der hochwertigen, verbesserten Version von Stefan Kleins Begriffsbestimmung, scheint dem Verfasser jedoch redundanzfrei zu

---

[91] H. Bitz (1991) 17
[92] so erstmals bei R. N. Nagel, zitiert nach J. A. Byrne (1993) 41

sein und die Bezeichnung des Netzwerks als Unternehmung besser zu erklären.

2.5.3. *Adäquatheit der gegebenen Definition*

Die gegebene Definition wurde mit dem Ziel entwickelt, das übliche Verständnis der virtuellen Unternehmung in eine Begriffsbestimmung zu überführen. Das Ergebnis dieser Entwicklung erfüllt offensichtlich das Kriterium Ähnlichkeit.

Da die Definition nur auf wohldefinierte Begriffe zurückgreift und in sich geschlossen ist, kann die Formulierung als exakt gewertet werden. Gegenüber den Definitionsversuchen in der Literatur weist diese Definition den Vorteil auf, daß sie für die virtuelle Unternehmung mit der erklärten Virtualität einen komparativen Begriff bestimmt, was die Exaktheit gegenüber den anderen, klassifikatorischen Definitionen erhöht.

Die mit obiger Begriffsbestimmung beschriebenen Sachverhalte weisen trotz der Möglichkeit verschiedenster Ausprägungen starke strukturelle Ähnlichkeiten auf. Da, wie auch im Abschnitt 2.6 sichtbar wird, für den beschriebenen Sachverhalt kein anderer gängiger Begriff existiert, ist die Begriffsbestimmung fruchtbar.

Die zur Bestimmung virtueller Unternehmungen verfügbaren Begriffe[93] werden in der Definition benutzt (nicht umschrieben); redundante Merkmale finden sich, wie bei der Entwicklung der Begriffsbestimmung deutlich wurde, nicht. Die Definition ist somit einfach.

Zusammenfassend läßt sich sagen, daß die hier gegebene Definition als einzige hier diskutierte Bestimmung des Begriffs „virtuelle Unternehmung" alle Qualitätskriterien erfüllt, in bezug auf Exaktheit die aus der Literatur bekannten Definitionsversuche sogar übertrifft. Aus diesem Grund soll die hier entwickelte Definition den Gegenstand dieser Arbeit über das Management virtueller Unternehmungen bestimmen.

2.5.4. *Grenzen der virtuellen Unternehmung*

Oft wird für Unternehmungen als Eigenschaft gefordert, daß sie klare Grenzen haben.[94] Solche Grenzen werden dort gesehen, wo die Weisungsbefugnis des Managements einer Unternehmung aufhört oder die Werte- und

---

[93] z. B. Unternehmungsnetzwerk
[94] vgl. J. L. Badaracco (1991) 287

Normengemeinschaft der Unternehmungsmitglieder endet.[95] Angesichts des Verschwindens einer klaren Grenze zwischen konventionellen Unternehmungen und Umwelt versucht Badaracco[96] gestufte Unternehmungsgrenzen zu finden. Die Grenzen der virtuellen Unternehmung können mit diesem Ansatz hingegen nicht angegeben werden. Sie sollen dort gesehen werden, wo die Grenzen des Unternehmungsnetzwerks liegen. Dieser Ort läßt sich wie folgt beschreiben:

„Eine Verknüpfung von zwei oder mehr Austauschbeziehungen zu einem Netzwerk wird dann als positiv definiert, wenn der in der einen Relation stattfindende Austausch die Wahrscheinlichkeit des Austausches in anderen Beziehungen erhöht. Wird diese Wahrscheinlichkeit hingegen reduziert, handelt es sich ex definitione um eine negative Verknüpfung. Die Grenzen eines Netzwerkes sind dann dort gegeben, wo die Austauschkontingenz gegen null geht."[97]

Damit existieren auch für virtuelle Unternehmungen wohldefinierte Grenzen, wenngleich diese, ähnlich denen der konventionellen Unternehmungen, nicht klar sichtbar sind.

2.6. Abgrenzung zu ähnlichen Konzepten und Begriffen

In diesem Abschnitt soll die virtuelle Unternehmung in den begrifflichen Kontext eingeordnet werden, der in den Abschnitten 2.2 und 2.3 beschrieben wurde.

Wie aus der Begriffsbestimmung für virtuelle Unternehmungen offensichtlich hervorgeht, sind virtuelle Unternehmungen eine Ausprägung des Allianzkonzepts Unternehmungsnetzwerk.

Da sich die Langfristigkeit eines strategischen Netzwerks auf die Wirkungen für die Mitgliedsunternehmungen und nicht auf die Beziehungen selbst bezieht, könnte die virtuelle Unternehmung auch als strategisches Netzwerk verstanden werden. Dagegen spricht aber, daß strategische Netzwerke nach herrschendem Verständnis von einer oder mehreren fokalen Unternehmungen geführt werden, was dem für virtuelle Unternehmungen wesentlichen Merkmal der Heterarchie widerspricht. Virtuelle Unternehmungen sollen deshalb nicht als eine Form des strategischen Netzwerks

---

[95]   vgl. J. L. Badaracco (1991) 287, 300
[96]   vgl. J. L. Badaracco (1991) 293ff
[97]   J. Sydow (1992) 195

betrachtet werden. Dennoch können virtuelle Unternehmungen in einzelnen Fällen strategische Familien bilden.

Die Hierarchie unterscheidet neben der Langfristigkeit auch die Keiretsu von virtuellen Unternehmungen. Die virtuelle Unternehmung kann jedoch als das technologische Gegenstück[98] der USA und Europas zu den historisch und kulturell verwurzelten, nicht auf andere Länder übertragbaren Keiretsu gesehen werden, wobei die Gemeinsamkeit wesentlich in der Benutzung der Kooperation als zwischenbetriebliche Koordinationsform anstelle des Marktes oder in der vertikalen Integration liegt.

Die Hollow Organization unterscheidet sich von dem betriebswirtschaftlichen Konzept „virtuelle Unternehmung" wesentlich durch ihr makroökonomisches Verständnis. Auch ist Heterarchie nicht konstitutiv für ausgehöhlte Organisationen, während eine Fertigungstiefe nahe null, wie sie bei Hollow Organizations vorliegt, für virtuelle Unternehmungen untypisch ist. Das Franchising ist als Vertriebskonzept ohne Betonung des Netzwerkcharakters ein spezielleres Konzept als die virtuelle Unternehmung. Beide Konzepte erscheinen nicht gut verträglich, da Franchise-Geber in der Regel eine übergeordnete Position in der Beziehung zu Franchise-Nehmern einnehmen und das Franchising eher auf Dauer angelegt ist, als auf die Ausnutzung einer temporären Marktchance.

Mit dem Outsourcing hat die virtuelle Unternehmung das Bemühen um Konzentration auf die Kernkompetenzen gemeinsam. Die beiden Konzepte unterscheiden sich stark durch die dominante Rolle, die eine auslagernde Unternehmung beim Outsourcing einnimmt. Desweiteren wird das Outsourcing oft auf EDV-Dienstleistungen beschränkt und dient dann nicht dem Ausnutzen temporärer Marktchancen.

Joint Ventures können in der Zielsetzung, temporäre Marktchancen auszunutzen und dazu Kooperation mit anderen Unternehmungen als vorteilhafte Koordinationsform zu nutzen, virtuellen Unternehmungen ähneln. Durch die Institutionalisierung können Joint Ventures jedoch nicht als virtuell bezeichnet werden. Außerdem sind Kapitalbeteiligungen für virtuelle Unternehmungen bedeutungslos. In Einzelfällen kann eine Unternehmung jedoch als Joint Programme bezeichnet werden.

Der Begriff Konsortium beschreibt eine Rechtsform, die wesentlich weiter gefaßt ist, als die virtuelle Unternehmung, jedoch mit dieser durchaus kompatibel ist. Virtuelle Unternehmungen können daher in der Form eines Konsortiums geführt werden.

---

[98] so u. a. R. N. Nagel nach J. A. Byrne (1993) 39

Bei einem Konzern besteht eine einheitliche Leitung für die Konzernunternehmungen als Ganzes, während eine virtuelle Unternehmung nur Teile der Mitgliedsunternehmungen im Netzwerk führt. Der Konzern ist eine Rechtsform für auf Dauer angelegte Kooperationen, die nicht der Ausnutzung einer temporären Marktchance dienen; eine solche Rechtsform kommt für virtuelle Unternehmungen nicht in Betracht.

Die zum Teil als Zwilling der virtuellen Unternehmung bezeichnete[99] Arbeitsgemeinschaft ist ebenfalls ein Rechtsbegriff. Dieser beschränkt sich auf Unternehmungsnetzwerke in der Bauindustrie und ist damit wesentlich spezieller als die virtuelle Unternehmung. Für virtuelle Unternehmungen in der Bauindustrie kommt die Arbeitsgemeinschaft als Rechtsform jedoch durchaus in Betracht.

2.7. Beispiele

Während das Konzept der virtuellen Unternehmung als theoretisches Erkenntnisobjekt noch relativ neu ist, finden sich schon in der Vergangenheit Kooperationsmuster, die als virtuelle Unternehmung bezeichnet werden können. In diesem Abschnitt sollen zur Illustration der virtuellen Unternehmung einige Beispiele genannt und kurz erläutert werden.[100]

Ein erstes, prominentes Beispiel für virtuelle Unternehmungen ist die Allianz des Computerherstellers IBM mit dem Prozessorfabrikanten Intel und dem Softwarehaus Microsoft zur Entwicklung, Produktion und Vermarktung des Personal Computers IBM-PC mit Betriebssystem MS-DOS.[101] Ein ähnliches Beispiel ist das Netzwerk mit dem Computer- und Softwar-

---

[99] so bei G. f. Weber und I. Walsh (1994) 26

[100] In der Literatur finden sich eine Vielzahl von Beispielen für die virtuelle Unternehmung, die mit der hier gegebenen Definition nicht verträglich sind. Aufgrund ihrer Anlage auf Dauer können das Unternehmungsnetzwerk zur Erstellung von Airbus-Flugzeugen (Darstellung bei W. W. Powell (1990) 314) sowie die VEBA-Handwerkervereinigung (Darstellung bei P. Mertens (1994) 171) nicht als virtuelle Unternehmungen bezeichnet werden. Den Vielfliegerprogramm-Allianzen um Lufthansa (Darstellung bei J. Kronen (1994) 42) und American Airlines fehlt ebenso wie der Rosenbluth International Alliance (RIA) (Darstellung bei E. K. Clemons, M. C. Row und D. B. Miller (1992) 678ff) neben der Ausrichtung auf eine temporäre Marktchance auch die Heterarchie, die eine Einstufung der Netzwerke als virtuelle Unternehmungen zuließe.

[101] eine Darstellung dieser Allianz findet sich bei J. L. Badaracco (1991) 61 sowie bei J. A. Byrne (1993) 40

hersteller Apple, IBM und dem Prozessorfabrikanten Motorola zur Entwicklung und Verbreitung des RISC Prozessors PowerPC.[102]

Ein weiteres gutes Beispiel für virtuelle Unternehmungen sind die ICE-Konsortien zur Entwicklung, Herstellung und Vermarktung der Superschnellzüge InterCityExpress(ICE) und ICE2. In diesen Konsortien sind neben Siemens, AEG, General Motors und Morrison-Knudsen fast alle deutschen Unternehmungen der Bahnindustrie sowie die Deutsche Bundesbahn (jetzt Deutsche Bahn AG) als Kunde beteiligt. Um den ICE auch in den USA verkaufen zu können, wurde der teilbare ICE2 entwickelt. Die zur Erlangung des USA-Auftrages aufgrund der Konkurrenz zum Neigetechnik-Superschnellzug des Herstellers ABB notwendige Kompetenz in bezug auf Neigetechnik erlangte das Konsortium durch Aufnahme von FIAT als neuen Konsorten.[103]

Ein weiteres Beispiel für virtuelle Unternehmungen sind zwei Netzwerke zur Herstellung von Notizblockcomputern:

Im Jahr 1991 gründete Ron Oklewicz die Unternehmung TelePad, um einen Computer zu bauen, der die Größe eines Notizblocks hat und mit einem Lichtstift benutzbar ist. TelePad selbst bestand nur aus wenigen Ingenieuren und Designern, die zusammen mit der Industriedesign-Agentur GVO Inc. den als Personal Digital Assistent (PDA) bezeichneten Computer entwarfen. Neben einigen Softwarehäusern und einem Batteriefabrikanten ist Intel Corp. an der Entwicklung und Herstellung des PDA ebenso beteiligt wie IBM, deren Fertigungskapazitäten in Charlotte(USA) mitgenutzt werden.[104]

Auch der direkte Konkurrent des TelePad-Netzwerks ist eine virtuelle Unternehmung. Apple entwickelte zeitgleich mit seinem früheren Mitarbeiter Ron Oklewicz eine dem PDA sehr ähnliche Idee: das MessagePad. Auch dieser Computer sollte die Eigenschaften eines PDA haben, zudem aber für kommunikative Zwecke (Infrarot-Mail, Telefax, CompuServe etc.) geeignet sein.[105] Sony entwarf mit Motorola das Hardware-Design, während Apple mit einigen Softwarehäusern zusammen die Softwareerstellung übernahm. Das Produktdesign stammt von der Agentur frogdesign. Das MessagePad mit dem Namen „Newton" wird bei Sharp produziert und von Apple,

---

[102] eine Darstellung dieser Allianz findet sich bei B. Gomes-Casseres (1994) 66
[103] eine Darstellung dieser Allianz findet sich in Zug (1/95) 9
[104] eine Darstellung dieser Allianz findet sich bei J. A. Byrne (1993) 39
[105] Schon der Name TelePad deutet darauf hin, daß auch der PDA des TelePad-Netzwerkes solche kommunikativen Fähigkeiten aufweisen sollte.

Sharp und Siemens mit einheitlichem Newton-Logo unter eigenem Namen vermarktet.

Wie diese Darstellung deutlich macht, war die Markteintrittschance für beide Netzwerke und deren Unternehmungen infolge der Konkurrenz und der Gefahr, daß sich ein ungewünschter Standard entwickelt, offensichtlich temporär. Beide Netzwerke wurden von Initiatoren zusammengebracht, die diese Netzwerke nicht führten, sondern eine heterarchische Führung förderten. Obwohl die beschriebenen Netzwerke alle Unternehmungseigenschaften aufweisen, sind sie nicht institutionalisiert. Beide Unternehmungsnetzwerke können daher als typische Beispiele für eine virtuelle Unternehmung betrachtet werden.

3. Stärken und Schwächen virtueller Unternehmungen

In diesem Abschnitt sollen die Stärken und Schwächen der virtuellen Unternehmung herausgearbeitet werden. Dazu werden vorhandene theoretische Ansätze vorgestellt und zum Teil weiterentwickelt, aus denen sich Vor- und Nachteile der virtuellen Unternehmung ableiten lassen. Die theoretischen Ansätze sollen dann in weiteren Kapiteln der Entwicklung und Auswahl von Führungsformen für virtuelle Unternehmungen dienen, die geeignet sind, die Stärken dieser Kooperationsform zu unterstützen und, soweit möglich, deren Schwächen zu mildern.

3.1. Theoretische Grundlagen

Eine Theorie (oder ein theoretischer Ansatz) der virtuellen Unternehmung sollte die Bedingungen aufzeigen, unter denen diese Form des Unternehmungsnetzwerks anderen Koordinationsformen überlegen ist. Dabei kommen als alternative Koordinationformen nicht nur Markt und Hierarchie in Betracht, sondern eine Vielzahl unterschiedlich ausgeprägter Netzwerke. Desweiteren müßte ein solches Satzsystem Aussagen über die Evolution, die Stabilität und die Machtrelationen in virtuellen Unternehmungen enthalten. Eine Theorie, die obigen Ansprüchen genügt, existiert bislang nicht.

Die Betriebswirtschaftslehre, die sich schon lange mit Kooperationen befaßt, hat vorwiegend die wettbewerbsbeschränkenden Wirkungen dieser Koordinationsform untersucht.[106] Theoretische Untersuchungen zu virtuellen Unternehmungen gibt es bislang nicht; Untersuchungen anderer Unternehmungsnetzwerke beschränken sich fast ausschließlich auf transaktionskostentheoretische Überlegungen.[107] Bei einer Untersuchung von Entwick-

---

[106] vgl. J. Kronen (1994) 7
[107] vgl. M. Krebs und R. Rock (1994) 324

lungen in benachbarten Forschungsdisziplinen, wie der Soziologie oder der Politökonomie, kann jedoch eine Vielfalt anwendbarer Theorieansätze gefunden werden:[108] Spieltheorie, Theorie der flexiblen Spezialisierung, austauschtheoretische Ansätze, Systemtheorie sowie kontingenztheoretische Ansätze. Auch das Wertkettenkonzept kann als theoretische Grundlage für das Management virtueller Unternehmungen dienen.[109]

Für diese Arbeit sollen zwei theoretische Konzepte ausgewählt werden, die für das Verständnis der virtuellen Unternehmung besonders förderlich erscheinen: die neue Institutionenökonomie, der der meistdiskutierte Transaktionskostenansatz zuzurechnen ist und der ressourcenbasierte Ansatz.

3.1.1. Neue Institutionenökonomie

Die neue Institutionenökonomie[110] ist schwer in allgemeiner Form zu beschreiben, auch ist nicht unumstritten, welche theoretischen Ansätze diesem Paradigma zuzuordnen sind.[111] Hier sollen fünf Merkmale hervorgehoben werden, durch die sich die dem Paradigma zuzuordnenden Theorieansätze von anderen Ansätzen der Mikroökonomie und der Betriebswirtschaftslehre unterscheiden:

- die Annahme begrenzter Informationsverarbeitungskapazität der Individuen,

- die Annahme opportunistischen Verhaltens der Individuen,

- die Berücksichtigung der Möglichkeit auf Dauer angelegter Verträge,

- das Bemühen, Koordinationsformen durch Nutzen- und Kostenoptimierungskalküle zu erklären und

- ein statisches Gleichgewichtsdenken.

---

[108] Einen guten Überblick über diese Ansätze findet sich bei J. Sydow (1992) 168ff

[109] Die Wertkette kann die Bestandsaufnahme der Aktivitätenpalette einer Unternehmung, die Stärken- und Schwächenanalyse, die Identifikation des Kooperationsbedarfs und die Identifikation von guten Kooperationspartnern ebenso unterstützen wie eine Rekonfiguration der Wertketten zur Optimierung eines Wertschöpfungsnetzes. Auf diese Überlegung wird im Kapitel 5 zurückgegriffen, eine Diskussion der Wertkette und der angegebenen Unterstützungspotentiale kann jedoch zur Ermittlung der Stärken und Schwächen der virtuellen Unternehmung unterbleiben. Eine gute Darstellung findet sich in J. Kronen (1994) 112ff .

[110] Ein häufiges verwandtes Synonym zur neuen Institutionenökonomie ist die neue institutionelle Mikroökonomik.

[111] vgl. D. Schneider (1993) 241

Oft wird die Diskussion alternativer Koordinationsmechanismen auf die drei Mechanismen Markt, Kooperation und Koordination beschränkt. Die Frage, ob Kooperation dabei ein Hybrid zwischen Markt und Hierarchie ist, ist noch offen;[112] hier soll Kooperation nicht als ein solcher Hybrid aufgefaßt werden.

Sowohl die Principal Agency-Theorie als auch der Transaktionskostenansatz können der neuen Institutionenökonomie entsprechend obiger Kriterien zugeordnet werden. Jeder einzelne Ansatz hat eine Vielzahl von Schwächen, die zum Teil durch einen multiparadigmatischen Ansatz behoben werden können. In diesem Abschnitt soll der Versuch unternommen werden, durch Kombination des Transaktionskostenansatzes mit der Principal Agency-Theorie zu einer fruchtbaren theoretischen Grundlage zu kommen; ein Ansatz, der den eingangs gestellten Anforderungen an eine Theorie der virtuellen Unternehmung genügt, wird dabei nicht entstehen. Auch wird die für die neue Institutionenökonomie generell gültige Kritik, zum Beispiel die Unzulänglichkeit des Kostendenkens für strategische Entscheidungen,[113] für das Ergebnis dieses Versuchs zutreffen. Um Einseitigkeit des theoretischen Fundaments zu vermeiden und die Schwächen der neuen Institutionenökonomie zu überbrücken, werden in den Abschnitten 3.1.2 und 3.1.3 Konzeptionen vorgestellt, für die die Kritik an der neuen Institutionenökonomie nicht gültig ist.

3.1.1.1. *Transaktionskosten*

Unter einer Transaktion soll hier die einem Güter- und/oder Dienstleistungsaustausch logisch und zeitlich vorgelagerte Übertragung von Verfügungsrechten verstanden werden. Transaktionskosten sind dann die mit der Bestimmung, Übertragung und Durchsetzung von Verfügungsrechten entstehenden Kosten. [114] Es handelt sich hierbei vornehmlich um Informations- und Kommunikationskosten, die bei der Anbahnung, Vereinbarung, Kontrolle und Anpassung wechselseitiger Leistungsbeziehungen auftreten. [115] Dabei sind unter Transak- tionskosten nicht nur monetäre Größen, sondern alle entscheidungsrelevanten Opfer zu verstehen, die im Zusam-

---

[112] vgl. J. Kronen (1994) 58

[113] vgl. J. Sydow (1992) 166

[114] vgl. M. Tietzel (1981) 211

[115] vgl. A. Picot (1982) 270

menhang mit einer Transaktion entstehen.[116] Coase bezeichnete „marketing costs", für die sich seit etwa 1975 der Begriff Transaktionskosten durchgesetzt hat, als die Kosten für die Benutzung des Preismechanismus des Marktes.[117]

Transaktionskosten erhöhen sich durch Komplikationen im Einigungsprozeß und einen Mangel an Information. Beide Kosteneinflußgrößen ergeben sich aus der Mehrdeutigkeit der Transaktionssituation und der Unsicherheit der Umwelt. Die Unsicherheit der Umwelt verkompliziert den Informations- und Einigungsprozeß dann, wenn sie in den Verhandlungen berücksichtigt wird; die größere Komplexität bedingt dann höhere Verhandlungs- und damit Transaktionskosten. Bleibt die Unsicherheit aber unberücksichtigt, so müssen nach relevanten Änderungen der Umwelt neue Verhandlungen aufgenommen werden und die evtl. durch das Vertrauen auf die Konstanz der Umwelt und der Vereinbarung entstandenen Kosten sowie Anpassungskosten gedeckt werden. In beiden Fällen erhöht die Unsicherheit die Transaktionskosten.[118]

Unter Mehrdeutigkeit einer Transaktionssituation werden alle Probleme, die die Bestimmung des Wertes eines Transaktionsobjekts erschweren, verstanden. Zu diesen zählen Meßprobleme bei der Wertfeststellung des Objekts, wie sie bei Kuppelproduktion für Güter und bei Teamproduktion für Arbeit anfallen.[119] Auch eine geringe Anzahl möglicher Transaktionspartner, die eine hohe Abhängigkeit der Transaktionspartner voneinander bedingt,[120] erhöht die Mehrdeutigkeit und verhindert damit die Zuverlässigkeit des Preises als einfaches Informations- und Bewertungsinstrument.[121] Neben einem Mangel an Qualifikation der Transaktionspartner kann auch ein die Spezifität eines Transaktionsobjekts erhöhender Mangel an Vertrauen die Wertbestimmung erschweren. Handelt es sich bei einem Transaktionsobjekt um eine Information, so kann es zum sog. Informationsparadoxon kommen: der Wert der Information ist erst nach ihrem Erwerb festzustellen, nach Wertfeststellung (also nach Einsicht in die Information) ist ein Erwerb aber sinnlos.[122]

---

[116] vgl. W. G. Ouchi und D. V. Gibson (1980) 74
[117] vgl. R. H. Coase (1937) 390
[118] vgl. O. E. Williamson (1979) 247f
[119] vgl. O. E. Williamson (1979) 251
[120] Diese Konstellation wird häufig als „small numbers problem" referiert.
[121] vgl. F. A. von Hayek (19945)524f
[122] vgl. K. J. Arrow (1971) 18

Das Versagen des Preismechanismus kommt hier durch ein gemeinsames Auftreten von Human- und Umweltfaktoren zustande, das als Markt-Hierarchie-Paradigma bezeichnet wird: die Spezifität eines Objektes wird nur im Zusammenhang mit dem Opportunismus der Transaktionspartner wirksam, die Unsicherheit der Umwelt wirkt nur mit der beschränkten Rationalität des Menschen zusammen.[123]

Eine weitere Kosteneinflußgröße ist die Häufigkeit einer Transaktion: durch ständige Wiederholung einer Transaktion sinken die Anteile an den durch die Erstvereinbarung entstandenen Fixkosten; desweiteren kommen Automatisierungsprozesse und Lerneffekte zum Tragen, die die Transaktionskosten senken.

Außer den genannten transaktionsspezifischen Größen haben auch rechtliche und technologische Rahmenbedingungen Einfluß auf die Höhe der Transaktionskosten.[124] Der Einfluß rechtlicher Rahmenbedingungen wird bei Betrachtung der exemplarisch gewählten Institutionen „Kündigungsschutz für Arbeitnehmer" (transaktionskostenerhöhend) und „Gesetz der allgemeinen Geschäftsbedingungen" (transaktionskostenmindernd) offensichtlich. Hier ist auch die Wirkung der Steuergesetzgebung zu beachten: fiskalisch werden marktliche und unternehmungsinterne Transaktionen häufig unterschiedlich bewertet, was direkt auf die Höhe der Transaktionskosten wirkt.

Der Einfluß technologischer Rahmenbedingungen wird bei Betrachtung der informationskostensenkenden Telekommunikationsmöglichkeiten und der elektronischen Datenverarbeitung ersichtlich.

3.1.1.2. *Agency-Kosten und Kosten der internen Information*

Der Transaktionskostenansatz stellt den Kosten der Benutzung des Marktmechanismus (Transaktionskosten) Kosten der hierarchischen Koordination gegenüber, kann letztere aber nur unbefriedigend theoretisch begründen. Eine gute Begründung für solche Kosten findet sich aber in der Principal Agency-Theorie.

Die Principal Agency-Theorie geht davon aus, daß Agenten (z. B. Manager) aufgrund ihres Handlungsspielraums dazu veranlaßt werden müssen, gemäß den Zielen des Prinzipals (z. B. Kapitaleigner) zu handeln.[125] Agen-

---

[123] vgl. A. Picot und H. Dietl (1990) 180f
[124] vgl. A. Picot (1982) 277f
[125] vgl. A. A. Alchian und H. Demsetz (1972) 777f

cy-Kosten sind die Kosten, die aus Diskrepanzen zwischen den Zielen des Prinzipals und denen des Agenten entstehen.[126] Diese Kosten können aufgegliedert werden in:

- Kontrollkosten, die für die Überwachung der Handlungen des Agenten durch den Prinzipal entstehen,
- Bündniskosten, die durch die Schaffung von Anreizsystemen entstehen, welche die Ziele des Agenten mit denen des Prinzipal kongruent machen sollen und
- verbleibenden Verlust aus Handlungen des Agenten, die den Zielen des Prinzipal nicht entsprechen.[127]

Die Agency-Problematik tritt nicht nur als Eigner-Manager-Konflikt, sondern ebenso als Manager-Angestellten-Konflikt auf. Agency-Kosten können gemindert werden, indem der Prinzipal weniger Entscheidungen delegiert. In diesem Fall entstehen jedoch interne Informationskosten, da die entscheidungsrelevanten Informationen nicht automatisch vollständig beim Prinzipal vorliegen, sondern zu einem großen Teil an der Basis einer Hierarchie entstehen. Die internen Informationskosten bestehen dabei aus:

- Dokumentationskosten,
- Kommunikationskosten einschließlich der Folgekosten von Verständigungsfehlern und
- Opportunitätskosten aufgrund unzureichender Information.[128]

Aufgrund dieser Kostenanalyse läßt sich prinzipiell ein Kalkül zur Ermittlung des optimalen Delegationsgrades in einer Unternehmung erstellen; diese Möglichkeit soll hier jedoch nicht weiter verfolgt werden. Für die weitere Untersuchung der virtuellen Unternehmung und die Gestaltung einer Führungskonzeption für diese Unternehmungsnetzwerke genügen das bessere Verständnis von internen Koordinationskosten, das die Principal Agency-Theorie ermöglicht, und das Wissen, daß auch bei optimalem Delegationsgrad die internen Koordinationskosten mit der Größe einer hierarchischen Organisation steigen.

---

[126] vgl. V. Gurbaxani und S. Whang (1991) 61
[127] vgl. Jensen (1985) zitiert nach V. Gurbaxani und S. Whang (1991) 61
[128] vgl. V. Gurbaxani und S. Whang (1991) 62

3.1.1.3. *Produktionskosten*

Ein häufig kritisierter Mangel des Transaktionskostenansatzes ist, daß er von gegenüber verschiedenen Koordinationsmechanismen invarianter Produktionstechnologie ausgeht und deshalb Produktionskosten bei der Ermittlung einer optimalen Fertigungstiefe und -breite ignoriert. Produktionskosten sind jedoch nicht gegenüber Koordinationsmechanismen invariant, was schon durch die Existenz von Skaleneffekten deutlich wird, die nur bei interner Koordination auftreten. Solche Skaleneffekte entstehen insbesondere durch Degression der Fertigungs- und Verwaltungsfixkosten, Erfahrungskurveneffekte sowie mit wachsender Produktionsmenge effizienterer Produktionstechnologie. Neben diesen internen Skaleneffekten existieren auch Größenvorteile, die nicht nur durch Größe einer Unternehmung, sondern auch durch Größe von Unternehmungsverbänden[129] erzielt werden können. So können Einkaufspreisvorteile aus einer großen Marktmacht sowohl durch unternehmungsinterne als auch durch -externe Marktmachtbündelung entstehen. In letzterem Fall wird von externen Skaleneffekten gesprochen.

Neben Skaleneffekten existieren auch Breiteneffekte (economies of scope), die fast ausschließlich durch die Aneignung und Anwendung von Know-how aus der Entwicklung und Erstellung verschiedener Güter und Dienstleistungen entstehen. Solche Synergieeffekte sind vorwiegend unternehmungsintern; der durch sie entstehende Ertrag ist im Vergleich zu Skaleneffekten meist gering und wird zudem oft durch hohe Rüstkosten bei der Produktion kleinerer Fertigungslose, die aus der Produktionsbandbreite resultieren, überkompensiert. Neben den beschriebenen Breiteneffekten kann die Existenz einer kritischen, horizontalen Produktions- und/oder Dienstleistungsbandbreite die Breite des Produktions- und/oder Dienstleistungsprogramms begründen.[130]

Bei gegebener Unternehmungsgröße lassen sich nun unter Berücksichtigung von internen und externen Skalen- und Breiteneffekten schematische Produktionskostenverläufe in Abhängigkeit von der Fertigungsbandbreite[131] angeben. Diese Produktionskostenkurven sind zwar, ähnlich den Transak-

---

[129] J. Kronen (1994) 36 spricht in diesem Zusammenhang von virtueller Größe

[130] Eine kritische Bandbreite existiert z. B. für Reisebüros, die Flüge, Versicherungen, Eintrittskarten, Hotels, Schiff- und Bahnfahrten sowie Pauschalreisen anbieten müssen, um konkurrenzfähig zu sein.

[131] Gemeint ist hier sowohl die horizontale Fertigungsbandbreite als auch die vertikale Fertigungsbandbreite (Fertigungstiefe).

tions-, Agency- und internen Informationskosten, von einer Operationalisierung weit entfernt, sind aber zur Erweiterung eines Kostenmodells um Produktionskosten durchaus geeignet.

3.1.1.4. *Kostenoptimierung der Unternehmungsform*

Aus den drei oben dargestellten Kostenarten ließe sich ein Kostenoptimierungskalkül für verschiedene Unternehmungsformen erstellen, wenn die Kostenfunktionen und die Kosteneinflußgrößen hinreichend operationalisiert wären. Da dies offensichtlich nicht der Fall ist, soll hier lediglich ein schematisches Kostenmodell vorgestellt werden, das das Verständnis für den Zusammenhang zwischen verschiedenen Unternehmungsformen und den entsprechenden Kosten verbessert. Die Unternehmungsform soll hier durch zwei Dimensionen angegeben werden: die Fertigungsbandbreite[132] und die Unternehmungsgröße. Die Unternehmungsgröße spiegelt dabei die Koordinationsform wider: große Unternehmungen verwenden vorwiegend interne Koordination (d. h. Hierarchie), sehr kleine Unternehmungen benutzen weitgehend Koordination durch Märkte. Anders als dies beim Transaktionskostenansatz üblich ist,[133] soll hier nicht die Koordinationsform Kooperation in der Mitte des Spektrums zwischen Markt und Hierarchie eingeordnet werden, da Kooperation unabhängig von der Unternehmungsgröße möglich und möglicherweise sinnvoll ist.[134]

Für unsere Betrachtung soll der Delegationsgrad im Rahmen der internen Koordination entsprechend Abschnitt 3.1.1.2 als optimal angenommen werden. Der Verlauf der Transaktionskostenkurve ist mit zunehmender Unternehmungsgröße degressiv fallend, während der Verlauf der internen Koordinationskostenkurve progressiv steigt.[135] Beide Kostenverläufe sollen nur in kumulierter Form in die Darstellung des Zusammenhangs zwischen Unternehmungsgröße und Koordinationskosten eingehen.

Die Zusammenhänge zwischen Unternehmungsform und den durch sie implizierten Kosten können nicht in allgemeingültiger Form angegeben werden, da alle Kostenarten, besonders aber die Produktionskosten, mit

---

[132] Gemeint ist hier sowohl die Produktions- als auch die Dienstleistungsbandbreite.
[133] vgl. u. a. A. Picot und H. Dietl (1990) 181f
[134] Dem Verfasser scheint das Fehlen eines zwingenden Zusammenhangs zwischen (mittlerer) Unternehmungsgröße und Kooperation als Koordinationsform in der Literatur zum Transaktionskostenansatz noch nicht erkannt worden zu sein.
[135] Diese Annahmen sind in der Literatur unumstritten.

dem erstellten Produkt bzw. der erbrachten Dienstleistung und der rechtlichen, technischen und sozialen Umwelt variieren. Hier soll nun ein möglicher, mit den bisherigen Ausführungen verträglicher Zusammenhang zwischen Unternehmungsform und durch sie implizierten Kosten graphisch dargestellt werden:

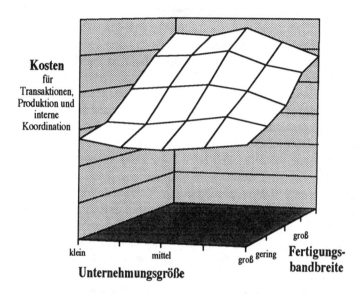

Abbildung 1: Unternehmungsform und durch sie implizierte Kosten

Wie aus dieser wahrscheinlich typischen Kostenkurve deutlich wird, kann eine Variation der Fertigungsbandbreite (gleich ob vertikal oder horizontal) einen wesentlich größeren Einfluß auf die Kostensituation haben als eine Variation der Unternehmungsgröße. Eine nach diesem Modell naheliegende Konzentration auf Kernkompetenzen kann durch gezielte Make-or-buy-Entscheidungen und durch Kooperation erreicht werden. Hier liegt der wesentliche Kostenvorteil von Kooperationen begründet: gezielte Kooperationen ermöglichen die Realisierung interner Skaleneffekten durch Konzentration auf Kernkompetenzen und gleichzeitig die Ausnutzung externer Skalen- und Breiteneffekte. Damit rückt die Kooperationsbeziehung anstelle der einzelnen Transaktion in den Mittelpunkt des Interesses.[136] Kooperationsbeziehungen bieten neben den oben begründeten Produktionskostenvorteilen auch Transaktionskostenvorteile, beispielsweise beim Tausch schwer bewertbarer Objekte.[137]

Der hier vorgestellte Versuch einer Kostenoptimierung berücksichtigt erstmals alle wesentlichen Kostenarten in Abhängigkeit von einer durch Unternehmungsgröße und Fertigungsbandbreite bestimmten Unternehmungsform. Der Ansatz behandelt unternehmungsinterne und zwischenbetriebliche Organisation gleichberechtigt und unter Verwendung ähnlicher theoretischer Konzepte (Transaktionskosten einerseits, interne Informations- und Agency-Kosten andererseits). Dabei ist dieses schematische Kostenoptimierungsmodell in der Lage, Kooperation kostentheoretisch zu erklären, ohne dabei Kooperation als Intermediär zwischen Markt und Hierarchie betrachten zu müssen. Schließlich sind Einfachheit, Anschaulichkeit und Berücksichtigung unvollkommener Märkte, bregrenzter Informationsverarbeitungskapazität des Menschen und organisationsinterner Komplexität Vorteile des vorgestellten Modells. Dennoch kann dem vorgestellten Ansatz wesentliche Kritik, die am Transaktionskostenansatz geübt wird, nicht erspart bleiben: Das dargestellte Optimierungsmodell ist unzureichend operationalisiert und vernachlässigt die neben den Kosten entscheidungsrelevanten Erträge. Als ausschließliche Grundlage strategischer Entscheidungen über Fertigungsbandbreite, Unternehmungsgröße und Kooperationen kann das vorgestellte Kostenmodell nicht angewandt werden, da hier neben Kosten und Erträgen weitere Faktoren[138] entscheidungsrelevant sind.

Ein Widerspruch stellt die Möglichkeit einer Kostenoptimierung der Unternehmungsform unter Einbeziehung der neuen Institutionenökonomie grundsätzlich in Frage: wird die (zutreffende) Prämisse einer begrenzten Informationsverarbeitungskapazität des Menschen eingeführt, so kann von der Möglichkeit einer rationalen Kostenoptimierung durch Menschen nicht mehr ausgegangen werden.[139] Da es nicht das Ziel dieser Arbeit ist, die Kostenoptimierung der Unternehmungsform durch Individuen volkswirtschaftlich zu betrachten, mindert der Widerspruch die Eignung des vorgestellten Modells zur Verdeutlichung von Zusammenhängen zwischen Unternehmungsform und den durch sie implizierten Kosten jedoch nicht.

---

[136] Dies fordert u. a. W. W. Powell (1990) 323.
[137] vgl. S. Schrader (1993) 240f
[138] z. B. Potentiale
[139] vgl. M. Bauer und E. Cohen (1983) 83

Zusammenfassend kann gesagt werden, daß das vorgestellte Modell lediglich eine fruchtbare Partialerklärung für die Vor- und Nachteile sowie die Evolution und Organisation virtueller Unternehmungen darstellt und der Ergänzung um weitere Erklärungen bedarf, die neben den Kosten weitere für strategische Entscheidungen über die Unternehmungsform relevante Faktoren berücksichtigen.

3.1.2. Ressourcenbasierter Ansatz

Nach dem Transaktionskostenansatz ist der auf die soziale Austauschtheorie zurückgehende ressourcenbasierte Ansatz das wohl meistrezipierte Paradigma der Interorganisationstheorie. Der Ansatz begreift Ressourcen als Quelle von Wettbewerbsvorteilen[140] und daraus resultierenden Dependenzrelationen. Als Ressourcen sollen hier alle Faktoren und Fähigkeiten verstanden werden, die eine Unternehmung zu Entwicklung, Produktion und Vertrieb von Gütern oder Dienstleistungen einsetzt.

3.1.2.1. Ressourcen als Grundlage von Wettbewerbsvorteilen

Um eine gute Grundlage von Wettbewerbsvorteilen zu sein, sollten Ressourcen dauerhaft sein, d. h. eine hohe Lebensdauer aufweisen. Diese Lebensdauer kann durch permanente Pflege und Weiterentwicklung erhöht werden.[141] Neben der Pflege hat das Ausmaß an Umweltturbulenz erheblichen Einfluß auf die Lebensdauer einer Ressource. Auch Intransparenz erhöht die Fähigkeit einer Ressource, dauerhaft zu einem Wettbewerbsvorteil beizutragen: sie verhindert sowohl, daß Wettbewerber den Grund eines Wettbewerbsvorteils erkennen als auch, daß diese in der Lage sind, ihn zu imitieren.[142]

Schlecht transferierbare und kaum replizierbare Ressourcen (z. B. in der Unternehmenskultur verankertes Know-how) sind vor Imitation am besten geschützt. Ist ein solcher Schutz einer Ressource nicht naturgemäß gegeben, kann er durch sog. Isolationsmechanismen (z. B. Patente) hergestellt werden.[143] Ressourcen, die sich vollständig im Eigentum und unter Kontrolle

---

[140] vgl. K. R. Connor (1991) 121
[141] vgl. J. Kronen (1994) 93
[142] vgl. R. M. Grant (1991)129
[143] vgl. Rumelt (1984) 556ff

der Unternehmung selbst befinden, bilden die sichersten Grundlagen für dauerhafte Wettbewerbsvorteile.

Neben den dargestellten Eigenschaften einzelner Ressourcen sind auch Verflechtungen der Ressourcen und Wertabhängigkeiten bedeutend[144]:

„Der Prozeß der Ressourcenakkumulation hängt nicht nur vom Bestand der jeweiligen Ressource, sondern auch vom Bestand anderer Ressourcen (Komplementärressourcen) ab. Ein Beispiel: [...] technische Weiterentwicklung, die Kundenwünsche berücksichtigt, ist schwierig, wenn kein Kundenkontakt durch Service zustandekommt."[145]

Kooperationen können nun in zweifacher Hinsicht vorteilhaft sein: einerseits ermöglichen sie den Zugang auch zu schwer transferierbaren Ressourcen, ohne diese akquirieren zu müssen („virtuelle Ressourcenbasis"), andererseits können Kooperationen und Kooperationsfähigkeit selbst als Ressourcen und damit als Begründer von Wettbewerbsvorteilen gesehen werden.[146] Damit lassen sich die obigen Erkenntnisse über vorteilhafte Eigenschaften von Ressourcen auf Kooperation und Kooperationsfähigkeit übertragen. Beide Ressourcen sind grundsätzlich kaum transferierbar, so daß lediglich die Erschwerung der Replikation zum Schutz vor Imitation notwendig ist.

„Kooperations-Know-how ist eine Ressource, die aufgrund ihrer Komplexität und Spezifität sehr gut zur Bildung von [...] Barrieren geeignet ist: Kooperations-Know-how muß als ein Set spezifischer Kompetenzen verstanden werden, das eine breite Palette von der Fähigkeit, Kooperationspotentiale zu identifizieren [...], Kooperationspartner auszuwählen, bis zur Kompetenz im Management einer Kooperation umfaßt. [...] Die Vermutung liegt nahe, daß frühzeitig erworbene Kooperationskompetenz durch ihre variable Nutzung immer wieder Grundstein für neue Wettbewerbsvorteile sein kann."[147]

Die Pflege von Kooperationen erhöht damit nicht nur die Lebensdauer einer einzelnen Kooperation, sondern, indem sie Kooperations-Know-how, ausgewiesene Kompetenz und Vertrauenswürdigkeit vermehrt, auch die Wahrscheinlichkeit, durch weitere Kooperationen Wettbewerbsvorteile zu erlangen.

---

[144] vgl. K. R. Connor (1991) 134f
[145] J. Kronen (1994) 95
[146] vgl. H. Håkansson (1987) 10
[147] J. Kronen (1994) 97

54

3.1.2.2. Ressourcen als Grundlage von Dependenzrelationen

Badaracco nennt neben der Wettbewerbsbeschränkung und der Verteilung des Risikos auf mehrere Koopera- tionspartner das Zusammenführen komplementärer Ressourcen als einen wesentlichen traditionellen Grund für Kooperationen[148]:

„Wenn eine Firma ein Produkt erfindet, dieses aber nicht verkaufen kann, während eine andere es zwar verkaufen aber nicht erfinden kann, [... ist Kooperation eine möglicherweise sinnvolle Option.]"[149]

Abhängigkeit von Ressourcen anderer Unternehmungen reduziert jedoch die Autonomie einer Unternehmung.

„Neben der Abhängigkeit von Kooperationspartnern stellen der Verlust an Kontrolle über eigene Ressourcen sowie die Verletzlichkeit der informationslogistischen Infrastruktur die wichtigsten Risiken der Kooperation und damit zugleich einen Teil ihrer Kosten dar"[150].

Ist das durch Ressourcen begründete Verhältnis von einseitiger Abhängigkeit geprägt oder wird eine interdependente Beziehung gestört, so ist mit dem Einsatz von Machtmitteln durch eine der Unternehmungen zu rechnen.[151] Eine abhängige Unternehmung wird versuchen im Rahmen von Kooperation Einfluß auf den Ressourceneigner auszuüben und möglichst ein Verhältnis gegenseitiger Abhängigkeit zu schaffen oder die Abhängigkeit durch die Suche nach alternativen Bezugsquellen oder Substitutprodukten zu beenden.[152]

Um gegenseitige Abhängigkeit zu erreichen, kommt neben der gegenseitigen Lieferbeziehung für wichtige, knappe Ressourcen die Koalitionsbildung mit anderen Beziehern der betreffenden Ressource zur Verschlechterung der Alternativen des Ressourceneigners in Betracht.[153]

---

[148] vgl. J. L. Badaracco (1991b) 20f
[149] J. L. Badaracco (1991b) 20
[150] N. Szyperski und S. Klein (1993) 201
[151] vgl. J. Sydow (1992) 197
[152] vgl. M. R. van Gils (1984) 1081
[153] vgl. J. P. Kotter (1979) 89

Liegt Interdependenz vor, so empfiehlt sich eine möglichst störungsfreie Fortsetzung der Beziehung. Der Autonomieverlust kann somit direkt zu stabileren Netzwerkbeziehungen führen:

„Wahrscheinlich werden die meisten interorganisationalen Netzwerke eher durch Abhängigkeit als durch einfache Austauschrelationen zusammengehalten."[154]

Der ressourcenbasierte Ansatz ist so in der Lage sowohl das Entstehen von Machtverhältnissen als auch Stabilität in Unternehmungsnetzwerken zu erklären. Dabei berücksichtigt er Ressourcen als für strategische Entscheidungen relevante Faktoren und stellt somit zusammen mit dem in Abschnitt 3.1.1 vorgestellten Kostenmodell eine gute Grundlage für eine Theorie der virtuellen Unternehmung dar.

3.2. Stärken virtueller Unternehmungen

Auf Grundlage der vorgestellten theoretischen Ansätze können in diesem und dem folgenden Abschnitt eine Vielzahl von Stärken und Schwächen herausgearbeitet werden, die eine virtuelle Unternehmung charakterisieren können. Ob die theoretisch begründbaren Stärken auch realisiert bzw. Schwächen gemindert werden, hängt maßgeblich von der konkreten Ausgestaltung des Konzepts der virtuellen Unternehmung ab. Das Bemühen, die möglichen Stärken zu realisieren, soll in den folgenden Kapiteln den Entwurf einer Führungskonzeption für virtuelle Unternehmungen leiten.

Aus dem in Abschnitt 3.1.1 vorgestellten Kostenmodell geht hervor, daß eine Beschränkung der Produktionsbandbreite auf die Kernkompetenzen signifikante Kostenvorteile bringen kann. Diese Kostenvorteile werden jedoch nur dann realisiert, wenn interne und externe Skaleneffekte tatsächlich ausgenutzt werden. Während interne Skaleneffekte auch durch Hierarchie und Marktbeziehungen hergestellt werden können, ist Koopera- tion anderen Koordinationsmechanismen zur Erzielung externer Skaleneffekte deutlich überlegen. Besonders deutlich wird dieser Vorteil bei der Nutzung von Erfahrungskurveneffekten[155] sowie bei Unternehmungsnetzwerken, die die Marktmacht ihrer Mitgliederunternehmungen bündeln.

---

[154] H. E. Aldrich (1979) 273; Übersetzung vom Verfasser; im Original heißt es: „It is pro bable that most interorganizational networks are bound together by dependence rather than pure exchange relations"

[155] vgl. S. Klein (1994) 310

Virtuelle Unternehmungen haben gegenüber vielen anderen Kooperations-formen den Vorteil, daß sie sich nicht nur auf Entwicklung oder Vertrieb beschränken, sondern i. d. R. die Produktion mit einschließen und dadurch wesentliche Skaleneffekte erst ermöglichen.

Unternehmungsnetzwerke können so gestaltet werden, daß neben Skaleneffekten auch externe Breiteneffekte entstehen. Die Ausnutzung solcher Effekte verlangt jedoch verschiedenartige Kooperationspartner und einen regen Informations- und Wissenstransfer innerhalb einer Kooperation. Diese Bedingungen liegen gerade bei virtuellen Unternehmungen vor, die neue Produkte oder Dienstleistungen entwickeln.

Zusammenfassend kann gesagt werden, daß durch die Ausnutzung von internen wie externen Skalen- und Breiteneffekten Ressourcen der Mitgliederunternehmungen einer virtuellen Unternehmung wesentlich besser genutzt werden können, als dies ohne die virtuelle Unternehmung möglich wäre. Dieser Umstand begründet eine grundsätzlich günstige Produktionskostensituation der virtuellen Unternehmung. [156]

Durch die Aufteilung eventueller Markterschließungsinvestitionen auf die Mitgliederunternehmungen senkt die virtuelle Unternehmung auch für ihre Mitgliederunternehmungen Markteintrittsbarrieren und bietet damit für diese eine transaktionskostengünstige Expansionsmöglichkeit. [157]

Die flexible und auf Ausnutzung einer temporären Marktchance ausgerichtete Struktur virtueller Unternehmungen verlangt und fördert die Kooperationsfähigkeit der Mitglieder des Unternehmungsnetzwerks (Steckkompatibilität der Mitglieder). Diese Eigenschaft der Mitgliederunternehmungen erweist sich gerade bei der Anbahnung von neuen Kooperationen sowie bei deren Beendigung als transaktionskostengünstig. [158] Transaktionskostenvorteile bietet die Kooperationsfähigkeit jedoch auch bei der Durchführung von Projekten; besonders dienlich ist hier eine gut ausgebaute informationstechnische Infrastruktur.

Virtuelle Unternehmungen weisen aufgrund der projektorientierten Zusammenarbeit ihrer Mitglieder eine hohe numerische und funktionale Flexibilität auf. Während die funktionale Flexibilität durch die oben angesprochene Steckkompatibilität und eine relativ unbestimmte Abfassung der Kooperationsverträge ermöglicht wird, ist die numerische Flexibilität oft zu-

---

[156] Die Produktionskosten virtueller Unternehmungen können u. U. darüberhinaus durch Aufnahme von Unternehmungen aus Billiglohnländern als Kooperationspartner gesenkt werden. Vgl. hierzu und zu den damit verbundenen Risiken Abschnitt 2.1.1.4.
[157] vgl. J. Kronen (1994) 67
[158] vgl. T. J. Olbrich (1994) 33

sätzlich durch hinreichend große Kapazitäten der Mitgliederunternehmungen gesichert.[159] Die Zusammenführung komplementärer Ressourcen durch virtuelle Unternehmungen bietet für deren Mitgliederunternehmungen einen einfachen Zugang auch zu schwer transferierbaren Ressourcen und ermöglicht gleichzeitig deren effiziente Nutzung.[160] Besondere Einsparungen verspricht die virtuelle Unternehmung im Umgang mit der wichtigen Ressource Zeit. Durch virtuelle Unternehmungen werden u. a. die Ressourcen Entwicklungskapazität, Produktionskapazität und Zugang zu Distributionskanälen zusammengeführt, um Entwicklungs- und Lieferzeiten sowie Markteintrittsbarrieren zu senken[161] und so schnell auf technologischen Wandel oder sich ändernde Kundenbedürfnisse reagieren zu können.[162]

Know-how ist eine weitere, bedeutende Ressource, mit der die virtuelle Unternehmung vorteilhaft umgeht: durch die Zusammenführung von Unternehmungen, die ihre Kernkompetenzen verfügbar machen, kann benötigtes Know-how gezielt und schnell beschafft und eingesetzt werden.[163] Dabei können virtuelle Unternehmungen eine Zerstörung der Ressourcen Unternehmenskultur und Unternehmergeist der Mitglieder vermeiden, was besonders bei Produktentwicklungen durch hochspezialisierte Unternehmungen ein großer Vorteil gegenüber der Akquisition des Know-how durch Fusion ist.[164]

Aufgrund der Nutzung meist vorhandener Kapazitäten der Mitgliederunternehmungen ist der Kapitalbedarf zum Aufbau einer virtuellen Unternehmung sowie das Risiko gegenüber dem Aufbau einer vergleichbaren, konventionellen Unternehmung sehr gering, weshalb auch Liquidität eine Ressource ist, mit der die virtuelle Unternehmung vorteilhaft umgeht.[165]

Die virtuelle Unternehmung bietet ihren Mitgliederunternehmungen eine hervorragende Möglichkeit, Kooperationsfähigkeit zu erwerben und zu beweisen. Auch können im Rahmen der virtuellen Unternehmung Kooperati-

---

[159] vgl. J. Sydow (1992) 114
[160] vgl. J. L. Badaracco (1991b) 17
[161] vgl. J. D. Lewis (1990) 36
[162] vgl. J. L. Badaracco (1991b) 84ff
[163] vgl. J. W. Wilson (1986) 63
[164] vgl. J. L. Badaracco (1991b) 121; Die Möglichkeit, Know-how auf Märkten zu erwerben ist aufgrund der hohen Spezifität und der geringen Transferierbarkeit dieser Ressource kaum gegeben, weshalb zum Vergleich lediglich die Fusion betrachtet werden braucht.
[165] vgl. J. W. Wilson (1986) 63

onspartner für weitere, ggf. dauerhafte Kooperationen erprobt und gefunden werden.

Zusammenfassend kann gesagt werden, daß die virtuelle Unternehmung nicht nur gegenüber den Koordina- tionsmechanismen Markt und Hierarchie, sondern auch gegenüber anderen Kooperationsformen eine Vielzahl wichtiger Stärken aufweist. Die aufgrund von Kostenüberlegungen und Betrachtungen von Ressourcen gefundenen, sowohl für die virtuelle Unternehmung als Ganzes als auch für deren Mitgliederunternehmungen bedeutsamen Stärken sind jedoch nicht ex definitione gegeben, sondern müssen erst durch eine geeignete Führungskonzeption für virtuelle Unternehmungen realisiert werden.

3.3. Schwächen virtueller Unternehmungen

Wie bei jedem Konzept, sind auch bei der virtuellen Unternehmung Schwächen und Gefahren mit den Stärken und Chancen eng verbunden. Aufgrund der günstigen Kostensituation der virtuellen Unternehmung resultieren die Schwächen ausschließlich aus ressourcenorientierten Überlegungen.

Den Chancen, durch einseitige Abhängigkeitsrelationen in der virtuellen Unternehmung Macht auszuüben oder durch Interdependenz stabile Kooperationsbeziehungen zu erreichen, steht für die Mitgliederunternehmungen die Gefahr des Kontroll- und Know-how-Verlustes über Tätigkeiten, die nicht zu deren Kernkompetenzen gehören, gegenüber.[166] Besonders deutlich wird diese Gefahr am Beispiel der Allianz zwischen IBM, Microsoft und Intel zu Entwicklung, Produktion und Vertrieb eines Personal Computers, in der IBM vollständige Kontrollverluste über Betriebsystem und Prozessor erlitt und dadurch in starke Abhängigkeit von seinen Partnern geriet, denen andere Kooperationspartner zur Erstellung des PC zur Verfügung standen.[167]

Für die Mitgliederunternehmungen ist die Vernachlässigung des Aufbaus und der Pflege von (neuen) Kernkompetenzen eine ernsthafte Gefahr, da diese Kompetenzen durch Kooperation in virtuellen Unternehmungen leicht beschafft werden können. Virtuelle Unternehmungen sollten deshalb von Mitgliederunternehmungen nicht als Chance betrachtet werden, den Rekon-

---

[166] vgl. J. W. Wilson (1986) 63
[167] Eine gute Darstellung der Problematik anhand des gegebenen Beispiels findet sich bei J. L. Badaracco (1991b) 61.

figurationsdruck des Marktes auf die Unternehmung abzuschwächen, da dies direkt die Flexibilität des Mitglieds mindert. [168]

„Tatsächlich gleichen manche [...Kooperationen] dem Finger, mit dem im letzten Moment versucht wird, ein Loch im Damm zu stopfen, weil niemand den Damm gewartet oder auf die steigende Flut geachtet hat."[169]

Eine weitere Gefahr für Mitgliederunternehmungen ist direkt mit einer Chance verbunden: durch Know-how- und Informationsaustausch können die Partner Technologien und Wissen erlangen, das sie als starken Konkurrenten auf eigenen Geschäftsfeldern qualifiziert.[170]

Die Ausschließlichkeit, mit der sich Gefahren der virtuellen Unternehmung nicht auf diese selbst, sondern auf deren Mitglieder beziehen, soll nicht so gedeutet werden, daß virtuelle Unternehmungen ein universell optimales Konzept sind; da virtuelle Unternehmungen ex definitione auf die Ausnutzung temporärer Marktchancen ausgerichtet sind, wurden Stärken und Schwächen nur für diesen Anwendungszweck untersucht. Virtuelle Unternehmungen können anderen Unternehmungen zum Beispiel in der dauerhaften Massenfertigung aufgrund mangelnder Stabilität deutlich unterlegen sein; solche Mängel stellen jedoch in Bezug auf den dedizierten Zweck virtueller Unternehmungen keine Schwäche dar.

Obschon die Mitgliedschaft in virtuellen Unternehmungen nicht ungefährlich ist, illustriert das herausgearbeitete Stärken-Schwächen-Profil gut die Eignung der virtuellen Unternehmung zur Erreichung ihrer Ziele.

---

[168] vgl. J. Sydow (1991) 241, J. L. Badaracco (1991b) 87 und besonders vehement H. Albach (1992) 668
[169] J. L. Badaracco (1991b) 69
[170] vgl. N. Szyperski und S. Klein (1993) 201 und J. Kronen (1994) 67f

4. Erfolgsfaktoren virtueller Unternehmungen

Ziel der Entwicklung einer Führungskonzeption für virtuelle Unternehmungen ist die Realisierung der im dritten Kapitel herausgearbeiteten Stärken. Die Zielerreichung wird dabei maßgeblich durch Verfügbarkeit und Ausprägung einiger kritischer Faktoren mitbestimmt. Diese Faktoren sind nicht konstitutiv für virtuelle Unternehmungen, sondern wirken ähnlich einem Katalysator förderlich für deren Erfolg. In der Literatur werden mehrere solcher Faktoren genannt;[171] hier sollen Vertrauen, Wissen und Informationstechnik als Erfolgsfaktoren der virtuellen Unternehmung[172] untersucht werden.[173]

4.1. Vertrauen

Die virtuelle Unternehmung vertritt aufgrund ihrer heterarchischen Konzeption kein Eigeninteresse; auch kann von einem gemeinsamen Interesse der Mitgliederunternehmungen im Sinne einer natürlichen Übereinstimmung derer Interessen nicht ausgegangen werden.

---

[171] vgl. J. A. Byrne (1992) 36f

[172] Es sollte zwischen den Erfolgsfaktoren der virtuellen Unternehmung und denen ihrer Mitgliederunternehmungen unterschieden werden. Hier werden ausschließlich Erstere untersucht.

[173] Die Einschränkung auf die drei genannten Faktoren soll nicht bedeuten, daß exakt diese Faktoren die ausschließlichen Erfolgsfaktoren der virtuellen Unternehmung sind.

„Der Existenz der Kooperation liegt zwar das Vorhandensein grundsätzlicher ähnlicher wirtschaftlicher und fachlicher Interessen [...] zugrunde, doch darf dies nicht mit einem kollektiven Interesse an sich gleichgestellt werden. Nicht die Kooperation sondern die einzelnen Unternehmungen, die ihrem Wesen nach Individualität besitzen, sind Träger des Interesses."[174]

Charakteristisch für virtuelle Unternehmungen ist damit ein dialektisches Verhältnis der Kooperationspartner, in dem kooperative und kompetitive Elemente koexistieren.

„Durch den sich daraus ergebenden partiellen Interessenkonflikt wird Kooperation zum betriebswirtschaftlichen Problem."[175]

Aufgrund der Gefahr für Mitgliederunternehmungen einer virtuellen Unternehmung, durch ihre Kooperationspartner ausgenutzt oder geschädigt zu werden, bedarf es eines Mechanismus, der die für den Erfolg der virtuellen Unternehmung kritische Motivation der Mitglieder, in eine Zusammenarbeit Ressourcen zu investieren, herstellt. Wie schon in Abschnitt 3.1.1.1 (Transaktionskosten) dargestellt, erfüllen Verträge diese Aufgabe nicht effizient. Besonders deutlich wird die Schwäche herkömmlicher, vollständiger Verträge bei der Regelung der Verteilung von Überschüssen aus anfangs kaum spezifizierten Projekten auf verschiedene Kooperationspartner.[176]

Als möglicherweise effizienter Schutzmechanismus wird im Zusammenhang mit Kooperation oft das Vertrauen angeführt, wenngleich die Eignung des Vertrauens zum Schutz der Kooperationspartner zum Teil in Frage gestellt wird.[177] Da sich Erfolg und Schwierigkeiten einer Kooperation zu großen Teilen aus dem nicht in Verträgen spezifizierbaren Teil der Zusammenarbeit ergeben, wird Vertrauen von einigen Autoren als für Kooperationen konstitutiv gesehen.[178] Obwohl die Bedeutung des Vertrauens in Unternehmungsnetzwerken als Erfolgsfaktor erkannt wird, soll dieser Meinung

---

[174] E. Grochla (1970) 14
[175] vgl. S. Schrader (1993) 3
[176] vgl. R. E. Miles und C. C. Snow (1984) 27; Herkömmliche Verträge können sogar die Ausnutzung unterstützen, wenn ein Kooperationspartner trotz veränderter Situation auf dem fixierten Wortlaut beharrt.
Benjamin Klein untersucht selbstverstärkende Verträge als eine Möglichkeit, einen vertraglichen Schutzmechanismus für Kooperationspartner zu konstruieren. (B. Klein (1985) 594ff.) Dieser Mechanismus basiert jedoch auf Langfristwirkungen und kommt zum Schutz der meist kurzen Beziehungen in virtuellen Unternehmungen daher nicht in Betracht.
[177] so J. Sydow (1991) 250

hier nicht gefolgt werden; Unternehmungsnetzwerke werden in Übereinstimmung mit Kapitel 2 ausschließlich über ihre Strukturmerkmale definiert.[179] Vielmehr soll hier Vertrauen von einem „modus cooperandi"[180] unterschieden werden. Kooperatives Verhalten berücksichtigt allein die Existenz des Kooperationspartners und geht von dessen opportunistisch-rationalem Verhalten aus.[181] Dieses Verhalten wurde insbesondere durch die Spieltheorie im Rahmen von Positiv-Summen-Spielen[182] nachgewiesen und untersucht.

Vor diesem Hintergrund stellt sich nun die Frage, was vertrauensvolles von kooperativem Verhalten unterscheidet. Besonders deutlich wird der Unterschied bei der spieltheoretischen Konstruktion des Gefangenendilemmas.[183] Das Dilemma besteht hier darin, daß eine für alle Kooperationspartner optimale Lösung

„[...] nicht infolge *unkluger, irrationaler* oder gar *böswilliger* Handlungen verfehlt wird, sondern aufgrund des vollkommen rationalen Versuchs der Akteure, ihren eigenen Nutzen zu maximieren. Hieraus ergibt sich sofort die kritische Folge, daß der (durchaus mögliche) Kooperationsgewinn gerade *nicht* automatisch anfällt. Vielmehr verliert im Falle opportunistischer Strategien einer der Partner etwas, während der andere Spieler sogar hinzugewinnt. Ob sich aus einer solchen Ausgangssituation also tatsächlich ein Positiv-Summen-Spiel entwickelt, hängt mithin nicht nur von den exogenen Rahmenbedingungen ab, sondern von den Handlungen der Akteure selbst - und genau hierin ist das eigentliche Problem vieler Kooperationen in der Praxis zu sehen."[184]

Der Spieltheorie gelingt es, scheinbar vertrauensvolles Verhalten in diesem Dilemma als opportunistisch-rational zu konstruieren, indem sie von einer regelmäßigen Wiederholung der Situation ausgeht. In diesem Fall gewinnt

---

[178] so z. B. S. Wurche (1994) 144f und J. Kronen (1994) 54

[179] so auch A. Loose und J. Sydow (1994) 184

[180] Der Begriff stammt von J. Kronen (1994) 64.

[181] Dieser Sachverhalt wird mitunter als Vertrauen darauf, daß sich der Partner gemäß seinem eigenen Nutzenkalkül verhält und den nur gemeinsam erreichbaren Vorteil nicht unnötig in Frage stellen wird, beschrieben.

[182] Ein solches Spiel modelliert eine Situation, in der gerade *nicht* der eine Spieler verliert, was der andere gewinnt.

[183] Eine gute Darstellung des Gefangenendilemmas findet sich in J. W. Friedman (1989) 69f

[184] S. Wurche (1994) 149

offensichtlich die Möglichkeit der Vergeltung defektiven (schädigenden) Verhaltens Bedeutung:

„Spieler, die sich einmal destruktiv verhalten haben, werden bestraft, indem man ihnen mittel- oder langfristig die Kooperationsfähigkeit abspricht und sie von Partnerschaften ausschließt. Der einmalige - und unter diesen Umständen auch *kurzsichtige* - Nutzen des Defektismus muß also mit dem mehr oder weniger lang andauernden Verzicht auf die Vorteile bezahlt werden, die sich aus zukünftigen Kooperationen ergeben können."[185]

Das nicht-defektive Verhalten kann jedoch nur unter zwei Bedingungen als opportunistisch-rational erklärt werden: [186]

1. Kooperationen mit defektierenden Spielern können sofort verlassen werden

2. Erfolgreiche Kooperationen können wiederholt eingegangen werden.

Wenngleich diese Bedingungen realistisch erscheinen, sind sie nicht immer gegeben: Verträge können Mitglieder virtueller Unternehmungen einen vorzeitigen Austritt aus dem Kooperationsverhältnis verbieten; aufgrund der Spezifität und zeitlichen Begrenzung einer auszunutzenden Marktchance kann die Wiederholung einer erfolgreichen Kooperation unmöglich sein. Auch ist nicht sicher, daß defektives Verhalten überhaupt entdeckt wird. Kommen Vergeltungsmaßnahmen und zukünftiger Kooperationsnutzen als Begründung für ein kooperationsfreundliches Verhalten nicht in Betracht, so reichen die Annahmen des Opportunismus und der Rationalität des Kooperationspartners zur Begründung eines solchen Verhaltens nicht aus. In diesem Fall soll der Grund des Verhaltens als Vertrauen bezeichnet werden.[187]

Vertrauen ist damit nicht irrational, mitunter ermöglicht es erst ein für alle Kooperationspartner optimales Ergebnis. Da Vertrauen als Mittel zur Erreichung opportunistischer Ziele eingesetzt wird, ist es vom Altruismus deutlich zu unterscheiden.

Für Beziehungen in virtuellen Unternehmungen spielt neben dem unmittelbar auf Personen bezogenen Vertrauen (personales Vertrauen) auch ein institutionelles Vertrauen (Systemvertrauen) eine wichtige Rolle. Dieses Vertrauen beinhaltet nicht primär den Glauben an eine moralische Aufrichtigkeit oder einen guten Willen des Kooperationspartners, sondern die Ver-

---

[185] S. Wurche (1994) 150
[186] vgl. R. Schüßler (1990) 94
[187] vgl. S. Wurche (1994) 151

mutung, daß bestimmte Prinzipien in der Organisation des Kooperationspartners gelten.[188] Das Vertrauen bezieht sich auch weniger auf eine Person oder ein System als Ganzes als auf bestimmte Ergebnisse und Ereignisse, die Personen oder Systeme hervorzubringen in der Lage und gewillt sind.[189] Zur Bildung von Vertrauensbeziehungen gibt es verschiedene Möglichkeiten. Soll die Beziehung nicht über einen Vermittler entstehen, so kann ein Akteur zum Aufbau einer vertrauensvollen Beziehung einen Vertrauensvorschuß in Form materieller oder immaterieller Vorleistungen erbringen.

„Dazu muß er abschätzen können, was der Interaktionspartner als einen solchen Vorschuß erkennen und akzeptieren würde, und er muß zudem wiederum über Ressourcen verfügen, die ihm dieses Vorleisten ermöglichen. [...] Weiterhin muß der Vertrauende einschätzen können, wie wichtig und bedeutungsvoll der Aufbau einer solchen vertrauensvollen Beziehung für den anderen Akteur ist bzw. ob dieser überhaupt an einer derartigen Beziehung Interesse hat. [...] Schließlich muß derjenige, dem vertraut wird, die erbrachte Vorleistung annehmen und entsprechend (d. h. erwartungsgemäß) darauf reagieren *können*; er muß das Vertrauen - wenn er will - bestätigen können. Zur Erbringung entsprechender Gegenleistungen bedarf er ebenfalls bestimmter Ressourcen."[190]

Für den Aufbau von Systemvertrauen wirkt das Vorhandensein personalen Vertrauens an den Schnittstellen zwischen sozialen Systemen massiv förderlich, weshalb den Akteuren an diesen Schnittstellen (sog. Beziehungspromotoren oder boundary spanners) im Prozeß der Vertrauensbildung besondere Aufmerksamkeit gewidmet werden muß.[191]

Eine strukturelle Bedingung der Vertrauensbildung in virtuellen Unternehmungen ist die Häufigkeit und Offenheit interorganisationaler Kommunikation.[192] Dabei ist es zum Aufbau von Systemvertrauen wichtig, daß die Häufigkeit und Offenheit der Kommunikation nicht einzelnen Beziehungspromotoren sondern dem jeweiligen sozialen System zugerechnet wird.[193]

Neben der Kommunikationshäufigkeit spielt auch die Anzahl der Kooperationspartner für die Vertrauensbildung eine wichtige Rolle. Je weniger

---

[188] vgl. A. Giddens (1990) 33f

[189] vgl. A. Loose und J. Sydow (1994) 180

[190] A. Loose und J. Sydow (1994) 174f

[191] vgl. A. Loose und J. Sydow (1994) 183

[192] vgl. N. Luhmann (1973) 46; Die Häufigkeit der Kommunikation kann durch hochwertige Kommunikationsinfrastruktur sowie räumliche Nähe erhöht werden. Die Anzahl und Intensität möglicher oder tatsächlicher Kontakte in einem Netzwerk wird manchmal auch als Netzwerkdichte bezeichnet.

[193] vgl. A. Loose und J. Sydow (1994) 185

Partner in einer virtuellen Unternehmung interagieren und je mehr diese Partner sich in Organisation und Unternehmenskultur ähneln, desto größer ist die Wahrscheinlichkeit, daß sich vertrauensvolle Beziehungen schnell herausbilden.[194]

Die Multiplexität der Netzwerkbeziehungen als Maß für die Unterschiedlichkeit der Funktionen, die im Netzwerk geteilt werden, ist ein weiterer Einflußfaktor auf den Prozeß der Vertrauensbildung. Je höher die Multiplexität der Beziehungen, desto stärker wird das sich herausbildende Vertrauen sein.

Der Vertrauensmechanismus zum Schutz von Kooperationspartnern in virtuellen Unternehmungen ist aufgrund der Wirkung von Reputationseffekten selbstverstärkend:

„Die Reputation eines Unternehmens ist ein zusammenfassendes Urteil anderer Wirtschaftssubjekte über das zu erwartende Verhalten des Unternehmens (*Axelrod* 1984) *Reputationseffekte* können auf zweierlei Weise kooperierende Unternehmungen *veranlassen*, ihre *expliziten und impliziten Verpflichtungen einzuhalten.* Erbringt ein Unternehmen die von ihm erhofften Leistungen nicht, so werden die anderen an der Kooperation beteiligten Unternehmen zukünftig mit ähnlichem Verhalten rechnen und tendieren, den unkooperativen Partner von weiteren Vorhaben auszuschließen (*interner Reputationseffekt*). Sofern das Verhalten der einzelnen Kooperationspartner auch von Dritten beobachtet werden kann, besteht außerdem die Möglichkeit, daß diese ihr Verhalten entsprechend anpassen, also eher mit Unternehmen kooperieren, die sich in anderen Beziehungen als zuverlässig erwiesen haben (*externer Reputationseffekt*)."[195]

Neben der Schutzfunktion erfüllt Vertrauen innerhalb der virtuellen Unternehmung weitere Aufgaben: Vertrauen reduziert Komplexität, indem es mögliche, aber das Vertrauen enttäuschende Verhaltensweisen der Kooperationspartner von der Betrachtung ausschließt. Vertrauen erhöht auch die Stabilität der virtuellen Unternehmung, indem sie die Kooperationsbeziehungen aufwertet und damit verhindert, daß Mitgliedsunternehmungen diese Beziehungen unnötig lösen.

Zusammenfassend kann gesagt werden, daß Vertrauen in Ergänzung zu Verträgen, Anreizen und Sicherheiten Mitgliedsunternehmungen der virtuellen Unternehmung wirksam vor Schädigungen durch deren Kooperationspartner schützt. Durch die Komplexitätsreduktion und Stabilitätserhöhung, besonders aber durch die Steigerung der Motivation der Mitgliedsunternehmungen, Engagement und Kernkompetenzen in die virtuelle Unterneh-

---

[194] vgl. M. Dodgson (1993) 87 und W. W. Powell (1990) 326
[195] S. Schrader (1993) 247

mung einzubringen, kann Vertrauen maßgeblich zum Erfolg der virtuellen Unternehmung beitragen und deshalb als wesentlicher Erfolgsfaktor der virtuellen Unternehmung bezeichnet werden.

4.2. Wissen

Wie schon im Abschnitt über die theoretischen Grundlagen der virtuellen Unternehmung (3.1)deutlich wurde, sind Kernkompetenzen für die Wettbewerbsfähigkeit von Unternehmungen eminent wichtig. Die Konzentration auf Kernkompetenzen ist eine Komplementärstrategie zur Kooperation: Kooperationen ermöglichen einer Unternehmung, eine breite Palette von Kernkompetenzen der jeweiligen Partner zielgerichtet zu bündeln.[196] Die Bedeutung von Kernkompetenzen für virtuelle Unternehmungen, die ausschließlich als Kooperation existieren, wird daraus offensichtlich.

Kernkompetenzen dienen nicht nur der Produktionskostensenkung, sondern erhöhen auch das akquisitorische Potential einer virtuellen Unternehmung: Unternehmungsnetzwerke bilden sich immer mehr um Kompetenzen als um spezifische Produkte.[197]

Kernkompetenzen können dabei in wettbewerbsfähiges Wissen und Können untergliedert werden. Da Können nicht transferierbar ist, erscheint es für das akquisitorische Potential einer virtuellen Unternehmung im Vergleich zum Wissen eher unbedeutend und soll hier nicht näher untersucht werden.

---

[196] vgl. C. K. Prahalad und G. Hamel (1990) 80
[197] vgl. W. H. Davidow und M. S. Malone (1992) 173

Badaracco unterscheidet wanderndes und verankertes Wissen.[198]

„[Wanderndes Wissen] kann sich sehr leicht und rasch bewegen, da es in Formeln, Entwürfen, Anleitungen, Büchern oder Maschinenteilen verpackt ist. Wenn es einer Einzelperson oder einer Organisation mit den geeigneten Fähigkeiten gelingt, in den Besitz der Formel, des Buches, der Anleitung oder der Maschine zu gelangen, kann sie sich [z. B. durch Reversionstechnik] dieses Wissen aneignen. [...] Unter bestimmten Voraussetzungen [...] kann Wissen mit extremer Geschwindigkeit wandern; und im Gegensatz zu physischen Gütern kann es gleichzeitig in mehrere Richtungen wandern.

[Verankertes Wissen hingegen...] bewegt sich nur langsam. Das liegt daran, daß verankertes Wissen in Beziehungen und zwar häufig in komplexen sozialen Beziehungen enthalten ist"[199]

Verankertes Wissen ist entsprechend Abschnitt 3.1.2.1 als Ressource aufgrund seiner mangelhaften Transferierbarkeit wertvoller als wanderndes Wissen. Letzteres eignet sich jedoch gut zum Transfer auf Märkten oder in kurzen Kooperationen und stellt damit eine gute Vorleistung beim Aufbau von Vertrauensbeziehungen dar. Beide Arten von Wissen erhöhen das akquisitorische Potential einer virtuellen Unternehmung.

Wissen übernimmt in virtuellen Unternehmungen auch die Funktion eines Zahlungsmittels für schwer bewertbare Ressourcen.[200] Da auch Wissen eine solche Ressource ist, kann der Wissensaustausch mit einem Marktmechanismus verglichen werden: das Interesse einer Unternehmung an einem Wissensaustausch ist abhängig von dem erwarteten Wert des von dem Tauschpartner zur Verfügung gestellten Wissens und dem Ausmaß, in dem die Unternehmung eigene Informationen dem Partner zugänglich machen muß.[201] Eine Unternehmung A hat um so weniger Interesse an einer Kooperation, je mehr Informationen sie einem Tauschpartner B zugänglich machen muß und je weniger Informationen ihr von B zur Verfügung gestellt werden.

---

[198] vgl. J. L. Badaracco (1991b) 22
[199] J. L. Badaracco (1991b) 22
[200] vgl. J. L. Badaracco (1991b) 26
[201] vgl. J. Kronen (1994) 140

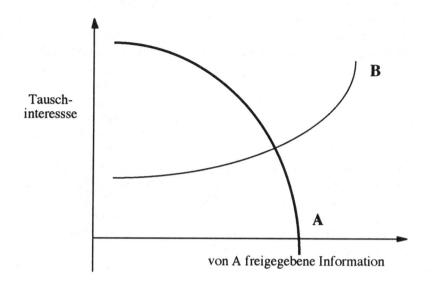

Abbildung 2: *Modell eines Wissenstausches*
(in Anlehnung an J. Kronen (1994) 141)

Die Krümmung der Interessenskurve des Tauschpartners A resultiert aus Mißtrauen gegenüber B, die des Tauschpartners B resultiert aus Opportunismus. Wie dieses Modell jedoch illustriert, kann Informationsaustausch trotz gegenläufiger Interessenlagen der beiden Tauschpartner zustande kommen. Die Wissensvernetzung innerhalb einer virtuellen Unternehmung kann aber durch den Aufbau von Vertrauen und Schutz der Kooperationspartner vor Ausnutzung deutlich erleichtert werden.[202] (Beide Kurven verliefen dann flacher und näher aneinander).

Die Gefahr, die aus der Wissensdiffusion für Mitgliedsunternehmungen resultiert, zu mindern, stellt aufgrund der Bedeutung dieser Gefahr für die Motivation der Mitglieder, ihre Kernkompetenzen einzubringen, eine Aufgabe für das Management der virtuellen Unternehmung dar. Gleichzeitig wirkt die Wissensdiffusion innerhalb der virtuellen Unternehmung positiv auf die Geschwindigkeit und Qualität der Produkt- und Prozeßentwicklung und sollte daher nicht unnötig beschränkt werden. Solange das geschaffene Vertrauen innerhalb der virtuellen Unternehmung noch nicht ausreicht, die

---

[202] vgl. G. F. Weber und I. Walsh (1994) 26

motivationshemmende Wirkung einer möglichen Wissensdiffusion zu mindern, ist eine oft mögliche Lösung des Problems die Trennung des Wissens von dessen Nutzung:[203] Durch eine einfache Aufgabenteilung kann eine Mitgliedsunternehmung wanderndes und verankertes Know-how schützen, ohne der virtuellen Unternehmung die Nutzung dieses Know-how zu verweigern. Ist hinreichendes Vertrauen aufgebaut, so kann durch eine Intensivierung der Kooperation auch das Wissen (im Extremfall sogar das verankerte) zwischen den Kooperationspartnern getauscht werden. Auf diese Weise ermöglicht und unterstützt die virtuelle Unternehmung auch organisationales Lernen.[204]

Zusammenfassend kann gesagt werden, daß Wissen viel zum Erfolg einer auf die Verbindung von Kernkompetenzen ihrer Mitglieder aufbauenden virtuellen Unternehmung beiträgt. Der Erfolgsbeitrag des Wissens kann durch eine geeignete Konzeption der Unternehmungsführung erhöht werden, die die Gefahren der Wissensdiffusion für die über das Wissen verfügenden Mitgliedsunternehmungen mindert.

4.3. Informationstechnik

Die ökonomische Mächtigkeit der Informationstechnik wird durch das sog. Produktivitätsparadoxon radikal in Frage gestellt: trotz der rasanten Weiterentwicklung der Informationstechnik und deren vermehrtem Einsatz in Unternehmungen konnte kein oder nur ein marginaler Produktivitätsfortschritt festgestellt werden.[205] Davidow und Malone folgern daraus, daß noch ein großes, ungenutztes Produktivitätspotential besteht und sehen in der virtuellen Unternehmung das Konzept, das dieses Potential ausschöpft.[206] Tatsächlich scheint in der Verbindung der Informationstechnik mit Kommunikationstechnik ein großes Potential zu liegen, das es mit entsprechenden betriebswirtschaftlichen Konzepten zu nutzen gilt:

---

[203] vgl. J. Kronen (1994) 68
[204] vgl. W. H. Davidow und M. S. Malone (1992) 203
[205] vgl. G. Loveman (1991) 39
[206] vgl. W. H. Davidow und M. S. Malone (1992) 9 66

„Wenn wir ändern, was Computer können, müssen wir auch ändern, was wir mit Computern tun."[207] Informationstechnik (IT) wird daher in der Literatur zum Teil unkritisch als einziger Inhalt der virtuellen Unternehmung oder als deren einziger eigener Produktionsfaktor gesehen.[208] Dennoch entstehen virtuelle Unternehmungen nicht, weil sie durch Informationstechnik unterstützt werden können, sondern weil die Verhältnisse auf den Märkten effiziente Kooperationsformen verlangen.[209]

Der Erfolg einer virtuellen Unternehmung hängt stark davon ab, wie der Informationsaustausch zwischen den Organisationsteilen bewerkstelligt wird.[210] Informationstechnik kann damit zwar nicht als der ausschließliche, aber doch als ein wesentlicher Erfolgsfaktor der virtuellen Unternehmung bezeichnet werden.[211]

Informationstechnik unterstützt die Sachzielerreichung der virtuellen Unternehmung in vielfacher Weise. Computer-Netzwerke sind ihrer Struktur nach Unternehmungsnetzwerken sehr ähnlich und eignen sich hervorragend zur Unterstützung der virtuellen Unternehmung. Sie dienen der Beschleunigung von Geschäftsprozessen und ermöglichen die Zusammenführung von Ressourcen unabhängig von Zeit und Entfernung.[212] Neben Groupware zur Unterstützung der Kommunikation und Zusammenarbeit können elektronische Märkte und Mehrwertdienste die virtuelle Unternehmung und deren Infrastruktur unterstützen. Auch können elektronischer Datenaustausch und interorganisationale Informationssysteme sowohl Effizienz als auch Stabilität der Kooperation innerhalb der virtuellen Unter-

---

[207] M. D. Hopper (1990) 119; Übersetzung vom Verfasser; im Original heißt es: „As we change what computers can do we must change what we do with computers."

[208] so u. a. W. H. Davidow und M. S. Malone (1992) 49 oder W. Semich (1994) 42

[209] vgl. R. Johnston und P. R. Lawrence (1988) 94

[210] vgl. G. F. Weber und I. Walsh (1994) 29

[211] vgl. N. Szyperski und J. Kronen (1991) 5

[212] vgl. T. Valovic (1993) 47

nehmung erhöhen.[213] Da die Gesamtheit der genannten Systeme nicht nur einen Wettbewerbsvorteil der virtuellen Unternehmung begründet, sondern auch als Führungsinstrument dienen kann, wird auf die Informationstechnik im Kapitel 7 detaillierter eingegangen.

---

[213] vgl. W. Semich (1994) 38

5. Führung virtueller Unternehmungen

Bis hierher wurde die virtuelle Unternehmung vorgestellt als ein Unternehmungsnetzwerk, das den Anforderungen an Flexibilität, effiziente Ressourcennutzung und Konzentration auf Kernkompetenzen gleichermaßen gerecht wird. Dabei wurden Vertrauen, Wissen und Informationstechnik als wesentliche Erfolgsfaktoren herausgestellt. Dennoch blieb die virtuelle Unternehmung eher ein Programm als ein Konzept.[214] Wie dieses Programm realisiert werden kann, ist auch in der Literatur unklar. Durch Führung Vertrauen und Engagement der Mitarbeiter zu erreichen, ist schon innerhalb einer konventionellen Unternehmung schwierig; die Probleme der Führung einer virtuellen Unternehmung, die sich wesentlich in der „Sphäre der Allianzen"[215] zwischen konventionellen Unternehmungen abspielt, sind aufgrund der hohen Komplexität beim Management heterogener Gruppen noch größer.[216]

Die Führungsaufgaben der virtuellen Unternehmung, die vom operativen Projektmanagement bis zur Verwirklichung kollektiver Strategien[217] reichen, erfordern neue Führungsinstrumente: Alternativen zur Anweisung wie Dialog und Konsensbildung spielen neben den klassischen Führungsinstrumenten Information, Organisation, Personal, Planung und Kontrolle eine bedeutende Rolle.[218] Nach einer Diskussion dieser Führungsaufgaben und -instrumente soll die Idee der virtuellen Unternehmung mit einer Führungskonzeption konkretisiert und die für Zugehörigkeitsgefühl und Motivation der Mitarbeiter wichtige Unternehmenskultur der virtuellen Unternehmung sowie deren Corporate Identity besprochen. Schließlich werden die Beziehungen zwischen Strategie, Organisation und Informationstechnik erläutert.

---

[214] vgl. S. Klein (1994) 311
[215] Dieser Begriff wird von J. L. Badaracco (1991a) 314f eingeführt
[216] vgl. J. L. Badaracco (1991b) 148, N. Szyperski und S. Klein (1993) 199 sowie G. F. Weber und I. Walsh (1994) 26
[217] vgl. zur kollektiven Strategie J. Sydow (1992) 268f
[218] vgl. S. Klein (1994) 311 sowie N. Szyperski und S. Klein (1993) 199

5.1. Führungsaufgaben und -instrumente

Aufgaben der Führung virtueller Unternehmungen sind die effiziente und effektive Verwirklichung der Ziele des gesamten Unternehmungsnetzwerks, die Verbesserung der Beziehungen zwischen Mitgliedern sowie die Erreichung der Zufriedenheit der Mitglieder.[219] Dabei ist zu beachten, daß die Beziehungen in der virtuellen Unternehmung mehrschichtig sind: sie betreffen den Austausch von Gütern, Informationen und Normen.[220]

Die Gesamtaufgabe der Führung virtueller Unternehmungen kann analog zur Führung konventioneller Unternehmungen in eine Vielzahl von Teilaufgaben wie Repräsentanz, Ziel- und Normenvorgabe, Information, Konfliktschlichtung, Delegation und Motivation gegliedert werden. Eine solche Gliederung spiegelt jedoch die Dynamik virtueller Unternehmungen, die auf die Ausnutzung temporärer Marktchancen ausgerichtet sind, nicht wider.

Die Entwicklung der virtuellen Unternehmung kann nicht idealtypisch nach einem Phasenmodell ablaufen, sollte jedoch planmäßig vor sich gehen.[221] Eine mögliche Gliederung der Führungsaufgaben für Unternehmungsnetzwerke, die der Dynamik virtueller Unternehmungen gerecht wird und einen geplanten Wandel der Unternehmung ermöglicht, findet sich bei Sydow und Windeler:[222]

• Selektion geeigneter Interaktionspartner

• Regulation der Aktivitäten sowie der Beziehungen zwischen den Organisationen

• Allokation der Ressourcen zwischen den Organisationen

• ökonomische Evaluation der interorganisationalen Beziehungen

In den folgenden Abschnitten sollen diese Führungsaufgaben und die dazu verfügbaren Führungsinstrumente besprochen werden. Dabei werden die oben angesprochenen Teilaufgaben Konfliktschlichtung, Zielvorgabe etc. an geeigneten Stellen eingebunden.

Die Führungsinstrumente Organisation und Information sind für die Führung virtueller Unternehmungen besonders bedeutend, aber auch problema-

---

[219] vgl. T. G. Cummings (1984) 398

[220] vgl. H. Aldrich und D. A. Whetten (1981) 385

[221] Diese Erkenntnis sowie eine Vielzahl von möglichen, eher normativen Ablaufmodellen geht auf die Forschung zum „Transorganizational Development" zurück. Bedeutende Vertreter dieses Forschungsgebiets sind T. G. Cummings, D. M. Boje und T. J. Wolfe.

[222] vgl. J. Sydow und A. Windeler (1994) 4ff

tisch, weshalb sie in den Kapiteln 6 und 7 näher erläutert werden; eine Untersuchung dieser Instrumente unterbleibt in den folgenden Abschnitten.

5.1.1. *Selektion*

Die Zusammensetzung der Kooperationspartner bestimmt maßgeblich den Erfolg einer virtuellen Unternehmung. Die Selektion von Kooperationspartnern kann daher als die wichtigste Führungsaufgabe für das Management virtueller Unternehmungen gesehen werden.[223] Die Selektion ist aufgrund der hohen Dynamik innerhalb der virtuellen Unternehmung eine permanente Aufgabe, die besonders in der Anfangsphase als Identifikationsprozeß die Führung der virtuellen Unternehmung dominiert. Ziel der Selektion ist es, eine virtuelle Unternehmung aus untereinander kompatiblen Mitgliedern zusammenzustellen. Dabei muß die virtuelle Unternehmung eigene Wettbewerbsvorteile schaffen, d. h. mehr als eine Ansammlung von Kooperationspartnern sein.[224] Die Selektion wesentlicher Mitglieder der virtuellen Unternehmung ist damit eine strategische Aufgabe.

Um geeignete Mitglieder der virtuellen Unternehmung zu bestimmen, ist es notwendig, zuvor das Ziel der virtuellen Unternehmung, d. h. die auszunutzende Marktchance genau zu untersuchen. Aus diesem Ziel können dann benötigte Fähigkeiten und Ressourcen abgeleitet werden, die die Suche nach geeigneten Partnern leiten.[225] Mitglieder der virtuellen Unternehmung sollten sich dazu nicht nur über die Ressourcen, Fähigkeiten und zukünftigen Bedürfnisse anderer Unternehmungen, sondern auch über die der eigenen Unternehmung Klarheit verschaffen, um die Kooperationsattraktivität für alle potentiellen Kooperationspartner abschätzen zu können.[226] Die Identifikation verfügbarer, möglicher Kooperationspartner kann durch Stakeholder-Analysen und Bezugsquellenanalysen unterstützt werden.[227]

Sind mehrere mögliche Kooperationspartner verfügbar, so müssen diese bewertet werden. In die Bewertung geht neben der Leistungsfähigkeit der potentiellen Kooperationspartner auch die Leistungswilligkeit und die Kompatibilität der Unternehmung zu anderen Mitgliedern der virtuellen Unternehmung mit ein.

---

[223] vgl. W. H. Davidow und M. S. Malone (1992) 152 und B. Gomes-Casseres (1994) 74

[224] vgl. B. Gomes-Casseres (1994) 71

[225] vgl. T. G. Cummings (1984) 410

[226] vgl. J. L. Badaracco (1991a) 149

[227] vgl. T. G. Cummings (1984) 400ff; Alle wesentlichen Stakeholder sind potentielle Mitglieder der virtuellen Unternehmung.

Die Beurteilung der Leistungsfähigkeit möglicher Kooperationspartner kann durch Stärken-Schwächen-Analysen unterstützt werden. Hier ist nicht nur die Qualität und die Quantität der Leistung sondern auch die nutzbare Leistungsbreite relevant. Eine geringe Leistungsbreite bedeutet oft eine vorteilhafte Konzentration auf Kernkompetenzen des Kooperationspartners; andererseits bedingt diese Konzentration auch die Notwendigkeit, mehrere weitere Kooperationspartner in die virtuelle Unternehmung aufzunehmen, da sonst das Leistungsspektrum der virtuellen Unternehmung nicht abzudecken wäre. Eine große Anzahl von Mitgliedern einer virtuellen Unternehmung ist jedoch schwer zu verwalten und geht einher mit einer geringen Transaktionsdichte innerhalb einer Kooperationsbeziehung, was sich nachteilig auf die Stabilität der virtuellen Unternehmung auswirkt.[228] Eine Expansion der virtuellen Unternehmung mit einer Vielzahl von Spezialanbietern sollte deshalb vermieden werden.[229] Weitere Bestimmungsfaktoren der Leistungsfähigkeit sind Vertrauenswürdigkeit, Zuverlässigkeit und Kompetenz im Bereich kooperationsunterstützender Informationssysteme.[230]

Für die Beurteilung potentieller Kooperationspartner ist weniger bedeutend, über welche Fähigkeiten und Ressourcen der mögliche Partner verfügt; vielmehr ist relevant, welche Ressourcen dieser Kooperationspartner zugänglich machen kann und möchte.[231] Der Kooperations- und Leistungswille kann anhand der vermuteten Kooperationsmotive abgeschätzt werden. Sind wesentliche Ziele des Partners möglicherweise Machtgewinn und Dominanz der virtuellen Unternehmung, so sollte von einer Kooperation abgesehen werden. Gleiches gilt für den Fall, daß keine gewichtigen Gründe für den Kooperationswillen des potentiellen Partners erkennbar sind, da hier der Leistungswille und ein längerfristiges Interesse für eine fruchtbare Zusammenarbeit wahrscheinlich nicht ausreichen. Günstige Kooperationsmotive sind Expansion in einem neuen, wachsenden Geschäftsfeld und Nutzung des Technologietransfers innerhalb der virtuellen Unternehmung.

Kooperationspartner sollten nicht ausschließlich nach der erwarteten verfügbar gemachten Leistung beurteilt werden; ebenso relevant ist die Kompatibilität der Mitglieder der virtuellen Unternehmung zum potentiellen neuen Mitglied:

„Alle „misfits", die sich bei Strategien, Strukturen und Kulturen, wie unterschiedlichen Führungsphilosophien [...] der Partnerunternehmungen ergeben, stellen

---

[228] vgl. R. Johnston und P. R. Lawrence (1988) 101

[229] vgl. B. Gomes-Casseres (1994) 74

[230] vgl. J. Kronen (1994) 100

[231] vgl. J. Kronen(1994) 100

zugleich mögliche Konfliktfelder der Zusammenarbeit dar, die die Ergebnislage im Kooperationsfeld beeinflussen können. Dazu gehört auch die unterschiedliche Erwartungshaltung der Partner im Hinblick auf das Ausmaß des erstrebenswerten Erfolges und seiner zeitlichen Erfüllung"[232].

Wichtig ist die Herausbildung eines „modus cooperandi" und das gegenseitige Verständnis für kulturelle Unterschiede. Dabei ist der optimale Grad der Kompatibilität nicht zwingend die vollständige Ähnlichkeit:

„Die generelle Frage ist [...]: Wieviel Gemeinsamkeiten sind zwischen den kooperierenden Organisationen in den Kernbereichen ihrer gemeinsamen Aktivitäten notwendig oder mit welchem Aufwand können diese geschaffen werden? Aber auch: Wieviel Unterschiedlichkeit ist etwa für die wechselseitige Befruchtung oder für interorganisationales Lernen förderlich, und ab wann werden diese Unterschiedlichkeiten für die einzelne der beteiligten Organisationen oder für den Gesamterfolg abträglich?"[233]

Neben der hier beschriebenen Aufgabe der Akquisition neuer Mitglieder für die virtuelle Unternehmung gehört auch das Ausschließen von Unternehmungen aus dem Unternehmungsnetzwerk zu den Selektionsaufgaben des Management der virtuellen Unternehmung. Ein Ausschluß ist dann sinnvoll, wenn ein Mitglied seine Autonomie nutzt um andere Mitglieder zu schädigen oder nur einen unbedeutenden oder unbefriedigenden Beitrag zum Gesamterfolg der virtuellen Unternehmung leistet. Um die Motivation der übrigen Mitglieder nicht zu gefährden, ist ein Ausschluß nur in Fällen durchzuführen, in denen der Gesamterfolg durch den Ausschluß und ggf. eine Neuselektion nachhaltig verbessert werden kann.[234]

5.1.2. Regulation

Nach der Selektion von Kooperationspartnern ist die Regulation der Kooperationsbeziehungen, d. h. das Festlegen des „modus cooperandi" eine weitere wichtige Aufgabe der Führung virtueller Unternehmungen. Diese Regulation muß die Flexibilität der virtuellen Unternehmung als einen ihrer bedeutendsten Vorteile gegenüber anderen Unternehmungsformen erhalten. Aus diesem Grund kommt neben der Vertragsgestaltung und der Einrichtung von Konfliktlösungsmechanismen der Aufbau- und Ablauforganisation sowie der Informationstechnik wesentliche Bedeutung bei der Regulation

---

[232] K. Bleicher (1989) 80; Hervorhebungen im Originaltext wurden weggelassen.
[233] J. Sydow und A. Windeler (1994) 5
[234] vgl. J. Sydow (1992) 311

der Kooperationsbeziehungen zu.[235] Bezüglich der Diskussion von Organisation und Informationstechnik wird auf die folgenden Kapitel verwiesen; in diesem Abschnitt sollen Konfliktlösungs- und -vermeidungsmechanismen sowie die Vertragsgestaltung im Vordergrund stehen.

Um Transaktionen innerhalb der virtuellen Unternehmung zügig und ohne unnötige Konflikte abwickeln zu können, ist eine Menge von freiwillig vereinbarten Spielregeln notwendig, auf die sich die Mitglieder der virtuellen Unternehmung geeinigt haben und die von ihnen akzeptiert werden.[236] Ein Teil dieser Spielregeln kann als Vertrag fixiert werden.

„Inhalt eines [solchen] Vertrags ist zunächst die Aufteilung des aus der Transaktion resultierenden Gewinns oder Nutzens auf die [...] Partner, verbunden mit einer Aufteilung der Risiken. Damit entstehen zugleich Verhaltensanreize, deren Auswirkungen bei der Beurteilung der Güte des Vertrags zu berücksichtigen sind. Als zusätzliches Element [...muß ein solcher Vertrag]die Möglichkeit eigennützigen Handelns zu Lasten des Partners beschränken. Hierzu gehören Informationsrechte und -pflichten, direkte oder indirekte Selbstbeschränkungen, Genehmigungsvorbehalte, Vorkehrungen zur Kontrolle und Überwachung und schließlich auch Sanktionen wie Vertragsstrafen und Kündigungsmöglichkeiten."[237]

Desweiteren müssen Transaktionsmodalitäten festgelegt und Führungsträger bestimmt werden, die berechtigt sind, Konfliktfälle zu entscheiden, die virtuelle Unternehmung zu repräsentieren und neue Mitglieder auszuwählen.[238] Der Finanzbedarf der virtuellen Unternehmung ist aufgrund des niedrigen Institutionalisierungsgrades gering. Dennoch entstehen (z. B. für Werbung und Verwaltung) Ausgaben, die der virtuellen Unternehmung als Ganzes und nicht den Mitgliedsunternehmungen direkt zuzurechnen sind. Auch können Einnahmen (z. B. aus Lizenzvergabe) der virtuellen Unternehmung als Ganzes zuzurechnen sein. Während die Verrechnung operativer Leistungen über Marktmechanismen geschieht und schwer bewertbare Leistungen (z. B. Know-how-Transfer) im vertrauensvollen Tausch abgewickelt werden, ist für solche Einnahmen und Ausgaben der virtuellen Unternehmung ein Verteilungsschlüssel festzulegen, der die Finanztransaktionen auf die Mitglieder umlegt. Dieser Schlüssel ist bei wesentlichen Änderungen der Aufgabenverteilung auf die Mitglieder von der Führung der virtuellen Unternehmung anzupassen.

---

[235] vgl. J. Sydow und A. Windeler (1994) 7
[236] vgl. J. Kronen (1994) 61
[237] H. Hax (1991) 58f
[238] vgl. T. G. Cummings (1984) 410f

Die Verteilung des Nutzens aus der Kooperation sollte so gestaltet werden, daß alle Mitglieder der virtuellen Unternehmung an der Kooperation interessiert bleiben; dennoch muß vertraglich sichergestellt werden, daß ein später ausscheidender Partner weder die Zusammenarbeit der übrigen gefährdet noch aus der beendeten Kooperation unbillige Vorteile zieht.[239] Für diesen Fall und für das intendierte Ende der virtuellen Unternehmung nach Ausnutzung der temporären Marktchance sind Trennungsmechanismen von Beginn an vorzusehen, die die Verteilung und weitere Nutzung des eingebrachten Know-hows, der gemeinsam erstellten Ressourcen[240] sowie der angefallenen Daten festlegen.[241]

Um die Transaktionskosten und den Zeitaufwand zum Kooperationsbeginn gering zu halten, sollte in diesen Verträgen, soweit möglich, auf allgemeine Rahmenverträge, Standards, Normen und Gesetze verwiesen werden.

Die Verträge dürfen nicht zu detailliert gefaßt werden, da sonst die Flexibilität der virtuellen Unternehmung gefährdet wäre. Explizite vertragliche Vereinbarungen sind meist ohnehin ungeeignet, alle Aspekte der Zusammenarbeit eindeutig und rechtlich durchsetzbar einer detaillierten Regelung zuzuführen. Die vertraglichen Regelungen innerhalb der virtuellen Unternehmung sind daher um weitere Mechanismen zu ergänzen, die die Handlungen der Mitglieder in einer für alle Seiten vorteilhaften Weise aufeinander abstimmen.[242] Diese Mechanismen müssen über die Kooperationsdauer hinaus wirksam sein, um spätere Schädigungen der Kooperationspartner auszuschließen. Solche Mechanismen sind neben dem bereits besprochenen Vertrauen die Bestrafung und die Abhängigkeit.[243] Weitere Regulationsmechanismen zum Schutz der Mitglieder virtueller Unternehmungen, die jedoch nicht über die Kooperationsdauer hinaus wirken, sind strukturell und kulturell organisierte Beziehungen, Redundanz innerhalb des Unternehmungsnetzwerks sowie hohe Ein- und Austrittsbarrieren.[244]

Die Regulation ist ein fortlaufender Prozeß der Verhandlung und des Konsenses, der nur bedingt plan- und beherrschbar ist.

„Jede „Macher"-philosophie, die den eigenen Willen glaubt gegen auftretende Widerstände zum eigenen Nutzen durchsetzen zu können, ist hier völlig fehl am

---

[239] vgl. E. Grochla (1970) 5

[240] z. B. Distributionskanäle, Informationssysteme

[241] vgl. J. Kronen (1994) 69

[242] vgl. S. Schrader (1993) 223

[243] vgl. R. Johnston und P. R. Lawrence so (1988) 101 und T. G. Cummings (1984) 403

[244] vgl. J. Sydow (1992) 116f

Platze. [...Vielmehr führen eine] weitere Perspektive und Großzügigkeit eher zum Erfolg als engstirniger Formalismus."[245]

Grundsätzlich ist darauf zu achten, daß das Zustandekommen und die Begründungen aller Regulationsmaßnahmen sorgfältig dokumentiert werden, damit diese auch von neuen Mitgliedern einer wachsenden virtuellen Unternehmung akzeptiert werden können.[246]

5.1.3. *Allokation*

In konventionellen Unternehmungen besteht eine der Hauptfunktionen des Management darin, finanzielle, materielle und personelle Ressourcen verschiedenen Aufgaben zuzuweisen. Auch in der virtuellen Unternehmung ist die Allokation eine wesentliche Führungsaufgabe. Hier geht es jedoch weniger um finanzielle und materielle Ressourcen als um Unterstützungsleistungen, Personal, Aufgaben, Technologie und Autonomie.

Unterstützungsleistungen werden den Mitgliedern vorwiegend in Form von Infrastruktur bereitgestellt. Es handelt sich vor allem um Verwaltungskapazitäten, Materiallogistik, Laboratorien und Informationstechnik. Diese Unterstützungsleistungen sollten nur dann bereitgestellt werden, wenn sich hieraus nennenswerte Größenvorteile für die virtuelle Unternehmung ergeben, da sie nicht zu den Kernaktivitäten des Unternehmungsnetzwerks gehören und dessen Managementkapazitäten belasten.

Der Allokation von Personal als einer der wichtigsten Ressourcen jeder Unternehmung kommt besondere Bedeutung zu. Die Wichtigkeit des Personals für den Erfolg der virtuellen Unternehmung wird bei Betrachtung der Rolle von Konsensentscheidungen und personalem Vertrauen bei nahezu jeder Transaktion innerhalb des Unternehmungsnetzwerks deutlich. Ziele der Personalallokation sind Motivation der Mitarbeiter und effiziente Nutzung des Know-how. Soweit möglich sollten daher innerhalb der virtuellen Unternehmung Personaltransfers und transparente Karrierewege zwischen den verschiedenen Mitgliedern der virtuellen Unternehmung eingerichtet werden. Personalentwicklungsmaßnahmen wie Schulungen und job rotation können innerhalb der virtuellen Unternehmung abgestimmt werden. Einheitliche Vergütungssysteme erleichtern das Ausleihen von Mitarbeitern an Kooperationspartner. Das Personal als Träger einer Unternehmenskultur sowohl der virtuellen Unternehmung als auch der Mitgliedsunternehmung

---

[245] K. Bleicher (1989) 79
[246] vgl. T. G. Cummings (1984) 407

80

darf nicht aus der Mitgliedsunternehmung ausgegrenzt werden; vielmehr sollten Karrieren innerhalb der virtuellen Unternehmung einer beruflichen Weiterentwicklung innerhalb der Mitgliedsunternehmung dienlich sein.

Die Aufgabenverteilung innerhalb der virtuellen Unternehmung wird weitestgehend im Rahmen der Selektion gesteuert. Grundsätzlich ist hier darauf zu achten, daß Aufgaben nach Bedeutung und Menge zwischen den Kooperationspartnern annähernd gleich verteilt werden, da sonst leicht dominante Mitglieder in der virtuellen Unternehmung entstehen, die den Erfolg der virtuellen Unternehmung zugunsten des Erfolgs des Mitglieds schmälern.

Die Verteilung von technologischem Wissen innerhalb der virtuellen Unternehmung ist für deren Erfolg von wesentlicher Bedeutung. Wie Technologiediffusion so gestaltet werden kann, daß das Wissen dort bereitgehalten wird, wo es dem Erfolg der virtuellen Unternehmung dient, ohne das Eigentum der Mitglieder an diesem Wissen zu gefährden, wurde bereits in den Abschnitten 4.1 (Vertrauen) und 4.2 (Wissen) erläutert.

Die Verteilung der Autonomie innerhalb der virtuellen Unternehmung legt fest, ob die virtuelle Unternehmung eher einem Netzwerk oder eher einer konventionellen Unternehmung ähnelt. Grundsätzlich sind alle Mitglieder der virtuellen Unternehmung voll autonom. Diese Autonomie besteht jedoch wesentlich für operative Entscheidungen sowie für die Entscheidung, aus der virtuellen Unternehmung auszutreten. Ein optimaler Bindungsgrad zwischen virtueller Unternehmung und Mitgliedern ist dann erreicht, wenn die Bindung für eine Orientierung der Mitglieder am Erfolg nicht nur der eigenen Unternehmung sondern auch des gesamten Netzwerks ausreicht. Eine weitere Einschränkung der Autonomie im Rahmen der Regulation würde die Verantwortlichkeit der Mitglieder für ihre Tätigkeitsbereiche in Frage stellen.

Grundsätzlich ist bei der Allokation darauf zu achten, daß Ressourcen und Autonomie nicht redundanzfrei verteilt werden. Redundanz ist wesentliche Voraussetzung für die Flexibilität der virtuellen Unternehmung in einer turbulenten Umwelt.

5.1.4. Evaluation

Die Evaluation bezieht sich auf die Beziehungen innerhalb der virtuellen Unternehmung sowie auf den Erfolg der Führung durch Selektion, Regulation und Allokation. Eine besondere Schwierigkeit ist hier,

„[...]nicht nur den einzelwirtschaftlichen Erfolg zu betrachten, sondern systematisch die durch die interorganisationalen Beziehungen verursachten oder anvisierten Erfolgsanteile zu bestimmen, um beispielsweise Grundlagen für eine als 'gerecht' eingestufte Verteilung der durch die Kooperation erzielten Erfolge zu schaffen."[247]

Wesentlicher Bestandteil der Evaluation ist die Kontrolle. Eine direkte Kontrolle ist wegen der Autonomie der Mitglieder virtueller Unternehmungen i. d. R. nicht möglich, aufgrund der Eigenverantwortlichkeit dieser Mitglieder jedoch auch nicht nötig.[248] Die Erfolgskontrolle sowie die Suche nach Verbesserungsmöglichkeiten der gesamten virtuellen Unternehmung kann aber durch unternehmungsübergreifende Durchlaufzeitenanalysen, netzwerkbezogene Kosten- und Leistungsrechnungen, Transaktionskostenrechnungen und Wertkettenanalysen unterstützt werden.[249]

Das wohl einfachste und effektivste Kontrollinstrument ist die Marktkontrolle. Die Leistungen der Kooperationspartner können permanent mit Angeboten konkurrierender Unternehmungen auf dem Markt verglichen werden. Erweist sich die Einbindung eines Mitglieds in die virtuelle Unternehmung gegenüber einer rein marktlichen Anbindung dieser oder einer anderen Unternehmung an die virtuelle Unternehmung als nachteilig, so kann die Führung der virtuellen Unternehmung durch Regulations- und Allokationsmaßnahmen versuchen, diesen Umstand zu ändern oder das betreffende Mitglied aus der virtuellen Unternehmung ausschließen.

Die Evaluation setzt vergangene Führungstätigkeiten voraus, sollte aber nicht nur am Ende des Führungsprozesses stehen. Vielmehr sind die Ergebnisse der Evaluation als Teil eines Steuerungsmechanismus zu verstehen, der die Führung permanent verbessert und leitet und somit zum Erfolg der virtuellen Unternehmung beiträgt.

---

[247] J. Sydow und A. Windeler (1994) 6
[248] vgl. zum Konzept der verantwortlichen Autonomie A. L. Friedman (1977)
[249] vgl. J. Sydow und A. Windeler (1994) 7

5.2. Führungskonzeption

In einem Netzwerk autonomer Unternehmungen stellt sich die Frage, wer die Führungsaufgaben erfüllen soll. Die oben beschriebenen Aufgaben der Führung virtueller Unternehmungen werden durch eine Personenmehrheit wahrgenommen. Gegenstand dieses Kapitels ist es, Führungsträger für die virtuelle Unternehmung zu finden und eine geeignete Konzeption für die Führung der virtuellen Unternehmung durch diese Personenmehrheit zu entwickeln.

5.2.1. *Führungsträger*

Virtuelle Unternehmungen werden meist durch eine konventionelle Unternehmung initiiert, nicht aber durch diese Unternehmung allein geführt. Die Eigenschaft der virtuellen Unternehmung, Kernkompetenzen konventioneller Unternehmungen zusammenzuführen um eine i. d. R. neuartige, temporäre Marktchance auszunutzen, verdeutlicht, daß eine kompetente Führung von allen relevanten Mitgliedern (ggf. einschließlich der wesentlichen Kunden) der virtuellen Unternehmung getragen werden muß. Häufig wird die notwendige Managementkapazität, die von den beteiligten Partnerfirmen qualitativ und quantitativ eingebracht werden muß, zu Anfang unterschätzt. Hier liegt eine Gefahrenquelle für das Scheitern einer im Konzept erfolgsträchtigen Kooperation.[250]

Die Führung durch Vertreter aller Mitglieder fördert die Kohäsion des Unternehmungsnetzwerks, birgt aber auch die Gefahr permanenter Konflikte, die den Erfolg der virtuellen Unternehmung vereiteln.[251] Dieser Gefahr kann begegnet werden, indem die Führung der virtuellen Unternehmung dedizierten Beziehungspromotoren übertragen wird, deren Aufgabe innerhalb der Mitgliedsunternehmungen die Sicherstellung des Erfolgs der gesamten virtuellen Unternehmung ist. Diese boundary spanners können entsprechend der Vielfalt der Führungsaufgaben verschiedenen Funktionen und hierarchischen Ebenen der Mitgliedsunternehmung angehören.[252]

Vielfach wird vorgeschlagen, als ranghöchsten boundary spanner einer Mitgliedsunternehmung einen Vorstand für externe Beziehungen zu benen-

---

[250] vgl. K. Bleicher (1989) 82
[251] vgl. B. Gomes-Casseres (1994) 72 und J. L. Badaracco (1992b) 160f mit Verweisen auf empirische Untersuchungen
[252] vgl. T. G. Cummings (1984) 404

nen.[253] Ein Vorstandsressort für externe Beziehungen hielte jedoch nicht die notwendigen Kernkompetenzen für die Führung der virtuellen Unternehmung bereit; eine solche Konstruktion birgt zudem die Gefahr, daß Kooperation als Zuständigkeitsbereich einer Instanz in der Hierarchie der Mitgliedsunternehmung verstanden wird.[254] Sinnvoll erscheint eine Restrukturierung konventioneller Unternehmungen, die sich an Kernkompetenzen ausrichtet. Als ranghöchster Beziehungspromotor einer Mitgliedsunternehmung müßte dann nicht ein Vorstand für externe Beziehungen, ein Funktions- oder ein Bereichsleiter eingesetzt werden, sondern ein „Kernkompetenzmanager". Dieser könnte dann für jede virtuelle Unternehmung, der die entsprechende Kernkompetenz verfügbar gemacht wird, einen Projektleiter bestimmen, dessen ausschließliche Aufgabe die Sicherstellung des Erfolgs der virtuellen Unternehmung unter besonderer Berücksichtigung der durch ihn vertretenen Kernkompetenz ist. Diesem Projektleiter obliegt dann die Beteiligung an der Führung des Unternehmungsnetzwerks, der Umgang mit Beziehungspromotoren der Kooperationspartner, die Gewinnung von Vertrauen innerhalb der virtuellen Unternehmung und der Umgang mit Fach- und Machtpromotoren innerhalb der eigenen Unternehmung.[255]

Die Zusammensetzung der Führungsträger der virtuellen Unternehmung aus Vertretern aller Mitgliedsunternehmung bedeutet nicht, daß alle Führungsaufgaben zwingend durch alle Mitglieder erledigt werden müssen. Teilaufgaben der Führung (z. B. Repräsentanz oder Selektion und Verhandlungen mit neuen Mitgliedern) können auf kompetente Subgruppen der Führungsgemeinschaft oder auch auf einzelne Mitglieder delegiert werden. Die Ausübung der Führungsfunktion durch diese Subgruppen bzw. Mitglieder muß dann sorgfältig begründet und dokumentiert werden, um die Akzeptanz bei allen Mitgliedsunternehmungen zu erreichen.[256] Auch kann die virtuelle Unternehmung die operative Führung vollständig einzelnen Mitgliedsunternehmungen überlassen.

---

[253] so u. a. R. N. Nagel nach J. A. Byrne (1992) 40
[254] vgl. J. A. Byrne (1992) 40
[255] vgl. J. Sydow und A. Windeler (1994) 57
[256] vgl. T. G. Cummings (1984) 407

84

5.2.2. Heterarchie

Virtuelle Unternehmungen sind definitionsgemäß[257] heterarchisch geführte Unternehmungsnetzwerke. In solchen polyzentrischen Systemen werden Führungsentscheidungen zum Teil dezentral getroffen,[258] gleichwohl aber zwischen den Kooperationspartnern abgestimmt.[259]

„Ein [solches] Netzwerk könnte [...] als klassisches Beispiel einer „spontanen, sozialen Ordnung" (Hajek 1969) bezeichnet werden, welches eben nicht ein Ordnungsmuster darstellt, das auf einen „großen Wurf" eines einmaligen Systemgestaltungsprozesses zurückgeht, sondern in erster Linie das Ergebnis eines temporären, auf ein gemeinsames Ziel [bezogenen Verhaltens...] darstellt."[260]

Die Heterarchie scheint als Führungskonzeption vor dem Hintergrund der Steuerungsproblematik sozialer Systeme vorteilhaft,[261] andererseits muß eine polyzentrische Führung nicht immer stark und effektiv sein:

„Vorkehrungen dieser Art widersprechen Napoleons Leitspruch, daß ein schlechter General immer noch besser sei als zwei gute."[262]

Eine Führungskonzeption für virtuelle Unternehmungen muß daher so beschaffen sein, daß trotz der Heterarchie eindeutige Verantwortlichkeiten existieren, d. h. nicht in letzter Instanz zwei oder mehrere Führungsträger verantwortlich sind. Während dies für strategische Grundsatzentscheidungen sicher nicht möglich sein wird, kann dem ranghöchsten Beziehungspromotor einer Mitgliedsunternehmung die Verantwortung für die durch ihn vertretene Kernkompetenz vollständig übertragen werden. Eine solche Regelung der Verantwortlichkeit bedeutet nicht zwingend, daß die Kooperationspartner auf diesen Kompetenzbereich keinerlei Einfluß mehr haben: Führungsträger haben die Möglichkeit, durch Nutzung ihrer Kontakte zu Beziehungspromotoren ihrer Kooperationspartner Einfluß auf Kompetenzbereiche außerhalb ihrer direkten Verantwortung auszuüben.[263]

---

[257] vgl. Abschnitt 2.5.2
[258] dies betrifft vorwiegend operative und kompetenzspezifische Entscheidungen
[259] vgl. J. Sydow (1992) 310
[260] vgl. B. Weber (1994) 288
[261] vgl. zur Steuerungsproblematik sozialer Systeme mit polyzentrischem Ordnungsmuster M. Ringlstetter (1994)
[262] vgl. J. L. Badaracco (1992b) 149
[263] Diese Möglichkeit wird begünstigt durch den Sachverhalt, daß die Beziehungen zwischen den Mitgliedern einer virtuellen Unternehmung horizontaler Natur sind, während die Strukturen innerhalb einer Mitgliedsunternehmung bzw. innerhalb eines Kompetenz-Centers vorwiegend vertikal sind. Vgl. J. Sydow (1992) 309

Die Verantwortlichkeit für strategische Grundsatzentscheidungen einer einzelnen Führungskraft zu überlassen ist in virtuellen Unternehmungen weder praktikabel noch wünschenswert:

„Bei einer weitgehend heterarchischen Koordination der Netzwerkakteure läßt sich vermuten, daß es in geringerem Masse zu einer eindeutigen Machtkonzentration seitens eines strategisch führenden, fokalen Akteurs kommt. Bei der Redundanz der Fähigkeiten im Netzwerk könnte eine koordinierende Rolle grundsätzlich jeder Partner übernehmen. Es stellt sich also weniger das Problem, inwieweit Kompetenzen an eine oder mehrere strategisch führende Instanzen abgegeben werden müssen."[264]

In der Literatur ist die Möglichkeit einer virtuellen Unternehmung ohne jede Zentralinstanz umstritten. Grochla betrachtet eine nicht institutionalisierte virtuelle Unternehmung als nicht realisierbar:[265] Um die Einheitlichkeit der Leitung im Sinne einer einheitlichen Ausrichtung auf die Aufgabenerfüllung sicherzustellen, hält er die Schaffung einer Zentralstelle, die eine neue organisatorische Einheit bildet, für zwingend notwendig. Eine solche Zentralstelle bezeichnet er als Kooperationsbetrieb.[266] Dieser Betrieb ist unselbständig, da die Planung der Aufgabenerfüllungskoordination durch die Mitgliedsunternehmungen gemeinsam erfolgt.

Unabhängig von der Frage der Existenz eines Kooperationsbetriebs ist der Institutionalisierungsgrad der virtuellen Unternehmung definitionsgemäß gering. In der virtuellen Unternehmung kommt daher eher informellen Koordinationsmechanismen wie strategischen Visionen, Ad-hoc-Teams, der Vernetzung von Experten, netzwerkweitem Zugriff auf Informationen, dem Personaltransfer und der normativen Integration ein hoher Stellenwert zu.[267]

5.3. Unternehmenskultur und Corporate Identity virtueller Unternehmungen

Wie für alle Unternehmungen sind auch für virtuelle Unternehmungen die Unternehmenskultur und das nach innen und außen vertretene Corporate Identity wesentliche Erfolgsfaktoren. Die Gestaltung dieser Faktoren ist aufgrund der Virtualität des Unternehmungsnetzwerks dort besonders schwierig. Wie im Abschnitt 2.5.4 gezeigt wurde, lassen sich für virtuelle

---

[264] B. Weber (1994) 292
[265] vgl. E. Grochla (1970) 2
[266] vgl. E. Grochla (1970) 2
[267] vgl. Y. Doz et al (1990) 126ff sowie P. Lorange und G. J. B. Probst (1990) 151ff

Unternehmungen wohldefinierte Grenzen angeben; diese Grenzen haben jedoch keine identitätsbildende Funktion. Dennoch haben polyzentrische, soziale Systeme offensichtlich eine eigene Identität, die auch nach Ausscheiden oder Eintritt einzelner Kooperationspartner in diese Systeme erhalten bleibt.[268] Identitätsbildende Funktionen können in virtuellen Unternehmungen durch Projekte, Produkte und Dienstleistungen wahrgenommen werden.[269] Diese Möglichkeit sowie die Bedeutung der Identität virtueller Unternehmungen für die Motivation der Mitarbeiter wird in folgender Anekdote deutlich:

Ein Reisender kommt in eine große Stadt, in der gerade ein Dom gebaut wird. An der Baustelle trifft er drei Steinmetze, die er nach ihrer Tätigkeit befragt. Der Erste antwortet: „Ich klopfe Steine.", der Zweite: „Ich verdiene Geld.". Der Dritte hingegen antwortet stolz: „Ich baue mit am Dom!"[270]

Die Identität der virtuellen Unternehmung und deren Unternehmenskultur beeinflußt auch stark das Zugehörigkeitsgefühl der Mitarbeiter sowie die Unternehmenskultur der Kooperationspartner. Besonders wichtig wird dieses Zugehörigkeitsgefühl bei der planmäßigen Auflösung einer virtuellen Unternehmung sowie beim Austritt eines Mitglieds aus dem Unternehmungsnetzwerk.[271] Um neben dem Zugehörigkeitsgefühl der Mitarbeiter zur virtuellen Unternehmung auch das zur arbeitgebenden Mitgliedsunternehmung zu erhalten, obwohl deren Mitarbeiter ihre Arbeit zum Teil vorwiegend bei Kooperationspartnern verrichten, reicht allein die Bezahlung durch das Mitglied nicht aus.[272]

Hier wird deutlich, daß die im Abschnitt 5.1.1 (Selektion) besprochene Kulturkompatibilität der Kooperationspartner nicht nur für den Erfolg der virtuellen Unternehmung als Ganzes wichtig ist. Vielmehr ist die Kulturkompatibilität und der Erhalt des Zugehörigkeitsgefühls der Mitarbeiter zur Mitgliedsunternehmung notwendig, um Mitarbeiter auch nach Auflösung der virtuellen Unternehmung in der Mitgliedsunternehmung zu halten. Die Vermeidung eines Verlusts solcher Mitarbeiter ist aber eine Grundvoraussetzung für die Nutzung des durch Technologietransfer innerhalb der virtuellen Unternehmung gewonnenen Know-how für weitere Projekte außerhalb der Kooperation.

---

[268] vgl. J. Sydow (1992) 80
[269] vgl M. D. Spence (1990) 94
[270] vgl. G. Schanz (1993) 431, 460
[271] vgl. G. F. Weber und I. Walsh (1994) 26
[272] vgl. W. H. Davidow und M. S. Malone (1992) 215

5.4. Beziehungen zwischen Führung, Organisation und Informationssystemen

Die Diskussion um die Beziehungen zwischen Führung, Führungsinstrumenten (insbesondere Organisation, Unternehmenskultur, Informationssysteme) und Führungsaufgaben (insbesondere strategische Planung) wurde von Chandler[273] mit der These „structure follows strategy" initiiert. Als Grundkonsens der mittlerweile stark ausgedehnten Diskussion kann die These gesehen werden, daß Führung, Organisation, Unternehmenskultur und Informationssysteme interdependent sind. Die Führung nimmt in diesem Beziehungsgeflecht eine dominante Rolle ein.

Die Ergebnisse der breiten Forschung über die Zusammenhänge zwischen Organisation und Führung können hier nicht vollständig referiert werden; relevante Erkenntnisse werden in das folgende Kapitel über die Organisation der virtuellen Unternehmung eingebunden.

Im Rahmen dieser Arbeit erscheinen die Relevanz von Informationssystemen als Erfolgsfaktor und möglicher Wettbewerbsvorteil für die Führung von Kooperationen[274] sowie die Dependenzrelationen zwischen Informationssystemen und Organisationsgestaltung besonders interessant.[275]

Informationstechnologie eröffnet der Führung strategische Gestaltungspotentiale, indem sie neue Arbeitsformen, neue Produkte sowie neue Märkte möglich macht. Dadurch werden gleichzeitig die wirtschaftlichen Rahmenbedingungen einer Unternehmung (z. B. die Intensität und Geschwindigkeit des Wettbewerbs) verändert.[276]

Die Ergebnisse empirischer Untersuchungen über Zusammenhänge zwischen Informationssystemen und Organisation sind oft widersprüchlich. Vorwiegend wurde festgestellt, daß ein vermehrter Einsatz von Informationssystemen die Zentralisierung der Organisation erhöht.[277] Begründbar ist dies durch sinkende Kosten der internen Information beim Einsatz von Informationssystemen.[278] Andererseits können Agency-Kosten durch Einsatz von Informationssystemen gesenkt werden, was zu einer Dezentralisierung

---

[273] vgl. A. D. Chandler (1965)
[274] vgl. N. Szyperski und J. Kronen (1991) 10
[275] vgl. M. L. Markus und D. Robey (1988) 585ff
[276] vgl. N. Szyperski und J. Kronen (1991) 2f
[277] vgl. H. J. Leavit und T. L. Whisler (1958) 43ff sowie R. Leifer und E. F. McDonough (1985) 242ff
[278] vgl. Abschnitt 3.1.1.2

führt.[279] Auch dieser Zusammenhang wurde empirisch belegt.[280] Ähnlich ambivalent ist der Zusammenhang zwischen dem Einsatz von Informationssystemen und organisatorischer Komplexität.[281]

Eindeutigere Zusammenhänge liegen zwischen der Art der Informationssysteme und den Kommunikationsstrukturen vor.[282] Computernetzwerke verbessern die Kommunikationsmöglichkeiten und ermöglichen damit eine Reduzierung der Anzahl der Managementebenen.[283] Die Möglichkeit der zwischenbetrieblichen Informationsverarbeitung verstärkt die zwischenbetriebliche Arbeitsteilung[284] und läßt die Bedeutung der Unternehmungsgröße zurücktreten.[285]

Die dargestellten Beziehungen dürfen nicht dahingehend interpretiert werden, daß Informationstechnologie ein Imperativ der Führung und Organisationsgestaltung ist, vielmehr sollen Organisation und Informationssysteme die Führung unterstützen. Nicht die technische Machbarkeit sondern die ökonomische Angemessenheit soll die Gestaltung von Organisation und Informationssystemen leiten. Vor diesem Zusammenhang wird auch die Dependenz der Informationssystemgestaltung von der organisatorischen Konzeption deutlich: Informationssysteme haben neben der direkten Führungsunterstützung die Aufgabe, die Effizienz der Organisation zu verbes-

[279] vgl. V. Gurbaxani und W. Whang (1991) 69
[280] vgl. P. Attewell und J. C. Rule (1984) 1886ff
[281] vgl. H. A. Simon (1977) 112ff sowie R. Leifer und E. F. McDonough (1985) 239ff
[282] vgl. T. Valovic (1993) 48
[283] vgl. H. J. Leavit und T. J. Whisler (1958) 46f
[284] vgl. R. Neuburger (1994) 66
[285] vgl. V. Gurbaxani und W. Whang (1991) 69

sern.[286] Die Entwicklung von Informationssystemen wird daher maßgeblich durch die Bedürfnisse der Organisationsgestaltung bestimmt.

---

[286] Die Eignung herkömmlicher Informationssysteme zur Erfüllung dieser Aufgabe wird jedoch durch das in Abschnitt 4.3 beschriebene, empirisch fundierte Produktivitätsparadoxon in Frage gestellt.

6. Organisatorische Konzeption virtueller Unternehmungen

Organisation und Informationssysteme sind die bedeutendsten Instrumente der Führung virtueller Unternehmungen. In diesem Kapitel sollen Möglichkeiten der technologiebewußten Organisationsgestaltung für virtuelle Unternehmungen untersucht werden.

Ziel der Organisationsgestaltung ist die Sicherstellung einer effizienten Aufgabenbewältigung sowie der Führbarkeit der virtuellen Unternehmung. Dabei müssen die möglichen Vorteile der virtuellen Unternehmung, d. h. vor allem die Flexibilität sowie die günstige Kostensituation realisiert und die wesentlichen Erfolgsfaktoren gestärkt werden.

Aus der geringen Institutionalisierung virtueller Unternehmungen resultiert eine Dominanz der Ablauforganisation über die Aufbauorganisation.[287] Organisation ist immer zugleich Fremd- und Selbstorganisation. Da der virtuellen Unternehmung eine hierarchische Führungskonzeption „fehlt", geschieht die Organisationsgestaltung im polyzentrischen System dezentral: nicht ein übergeordneter Organisator bestimmt die Gestalt des Unternehmungsnetzwerk sondern das Netzwerk selbst.

„Während [...] Hierarchien [...] auf Informationsmonopole gegründet sind, basiert Selbstorganisation vor allem auf Kommunikationsintegration, welche durch die Entwicklung neuer „soziotechnischer Systeme" nachhaltig beschleunigt wird."[288]

Der Heterarchie entspricht daher eine Dominanz der Selbstorganisation über die Fremdorganisation.

Im Folgenden wird zunächst die Wirkungsweise der Selbstorganisation als Mikroorganisation sowie als informale Organisation beschrieben, bevor dann auf der Makroebene die Evolution[289] der virtuellen Unternehmung untersucht wird.

---

[287] vgl. P. Mertens (1994) 169
[288] vgl. G. Wolf (1990) 105
[289] Die Evolution kann als Dynamik der Selbstorganisation interpretiert werden.

Da die Ordnung, die von selbst entsteht, nicht zwingend die beste Organisation der virtuellen Unternehmung ist,[290] sollen schließlich Gestaltungsmöglichkeiten im Rahmen der Aufbau- wie der Ablauforganisation untersucht werden. Abschließend soll dargelegt werden, wie eine für Effizienz und Effektivität virtueller Unternehmungen günstige Infrastruktur gestaltet werden kann.

6.1. Selbstorganisation

Organisation ist das Führungsinstrument der Ordnungsbildung. Ordnung entsteht jedoch nicht nur als Resultat der bewußten, auf Stabilität, Sicherheit, Voraussagbarkeit und Regelmäßigkeit gerichteten Tätigkeit eines Organisationsgestalters, sondern aus den Interaktionen innerhalb des Systems selbst.[291]

„Selbstorganisation umfaßt alle Prozesse, die aus einem System heraus von selbst entstehen und in diesem „Selbst" Ordnung entstehen lassen, verbessern oder erhalten."[292]

Organisation ist aus der Perspektive der Selbstorganisation ein Prozeß, bei dem Flexibilität, Veränderung, Kreativität und Innovation im Vordergrund stehen.[293]

Gomez und Zimmermann vermuten, daß sich selbst koordinierende Organisationen nicht nur eine höhere Flexibilität gewährleisten als „tayloristische Arbeitsgruppen", sondern auch eine (insbesondere qualitativ) höhere Arbeitsleistung erbringen, da ihre Mitglieder sich stärker mit der Arbeit identifizieren und deshalb eine höhere Motivation entwickeln. Neue Produktions- und Informationstechniken bieten günstige Voraussetzungen für die Einrichtung solcher Organisationen.[294]

Das Verhältnis zwischen Selbst- und Fremdorganisation ist ambivalent: Selbstorganisation kann die Freiräume der aus Fremdorganisation entstehenden Ordnung nutzen, um die Effizienz der Aufgabenerfüllung und die Zufriedenheit der Mitarbeiter zu erhöhen (Mikroorganisation); sie kann die aus Fremdorganisation resultierende Ordnung jedoch auch in Frage stellen

---

[290] vgl. E. Göbel (1993) 395
[291] vgl. G. J. B. Probst (1992) 2259
[292] vgl. G. J. B. Probst (1992) 2255
[293] vgl. G. J. B. Probst (1992) 2262
[294] vgl. P. Gomez und T. Zimmermann (1992) 128

und durch eine parallele (informale) Organisation ergänzen bzw. ersetzen.[295]

Die Existenz der Selbstorganisation als ein die Fremdorganisation ergänzender Ordnungsmechanismus (d. h. als Mikroorganisation) wird mit einer qualitativen und quantitativen Überforderung der Unternehmungsführung sowie mit dem nur begrenzten Zugriff des Management auf das für die Fremdorganisation notwendige Prozeßwissen der Organisationsmitglieder begründet.[296] Selbstorganisation ist damit eine Grundvoraussetzung der Fremdorganisation: nur weil Mitarbeiter organisationsspezifische Regeln nicht ausschließlich einer formalen Organisation entnehmen, sondern diese aus Interaktionen mit anderen Mitarbeitern und Beobachtungen lernen sowie fehlende Regeln neu erschaffen, kann sich die Unternehmungsführung auf das Akzentuieren knapp gehaltener, formaler Regeln beschränken.[297]

Die Mikroorganisation kann durch die Mitarbeiter der virtuellen Unternehmung bewußt und explizit geplant werden oder allein durch die Ausübung ihrer Tätigkeiten und Interaktionen entstehen. In beiden Fällen ist das Ergebnis dieses Prozesses aufgrund dessen Abhängigkeit von Kontextmerkmalen, persönlichen Fähigkeiten und Gewohnheiten sowie dem individuellen Problemverständnis der Mitarbeiter nicht voraussagbar. Da die Mikroorganisation i. d. R. als effizienzfördernd und notwendig angesehen wird, kann die Fremdorganisation bewußt breite Handlungsspielräume für die Mikroorganisation lassen und Entscheidungen soweit möglich auf Mitarbeiter delegieren. Werden diese Freiräume nicht in der gewünschten, effizienzfördernden Weise genutzt, kann durch flankierende Maßnahmen auf die Selbstorganisation steuernd eingewirkt werden.[298] Zu diesen Maßnahmen gehören u. a. die Ergebnisvereinbarung sowie die Unterstützung und Schulung der Mitarbeiter in Organisationsfragen.

Während die Mikroorganisation gewollte Freiräume der formalen Organisation ausfüllt und als erwünschte Ergänzung der Fremdorganisation betrachtet wird, gilt die informale Organisation als eher störender Gegenpart zur Fremdorganisation.[299] Informale Organisationen entstehen aufgrund eines Mangels an Befriedigung persönlicher Bedürfnisse der Organisationsmitglieder durch die formale Ordnung. Informale Gruppen eröffnen informale Kommunikationswege, formale Führer werden durch informale Be-

---

[295] vgl. E. Göbel (1993) 392
[296] vgl. J. Sydow (1992) 246
[297] vgl. A. Kieser (1994) 222
[298] vgl. E. Göbel (1993) 394
[299] vgl. E. Göbel (1993) 392

liebtheits- und Kompetenzführer ergänzt. Die informale Organisation als Parallelorganisation zur formalen Ordnung ist keineswegs immer effizienzmindernd. Vielmehr kann sie Fehler in der formalen Ordnung, die aufgrund eines Informationsmangels beim Management oder aufgrund dessen quantitativer oder qualitativer Überforderung entstanden sind, korrigieren. Ähnlich wie die Mikroorganisation kann auch die informale Organisation vom Management produktiv genutzt werden: jede Abweichung zwischen formaler und informaler Organisation kann als Anlaß gesehen werden,

„die Zweckmäßigkeit der formalen Regeln zu überprüfen und sie eventuell den „selbst geschaffenen" Tatsachen anzupassen. Wird nach wohlwollend-kritischer Analyse der informalen Regel deren Unzweckmäßigkeit bestätigt, ist den formalen Regeln wieder Geltung zu verschaffen, sei es durch Überzeugungsarbeit, durch weitere strukturelle Maßnahmen oder durch Personalwechsel. Außerdem können informale Beziehungen bei der Bildung von Arbeitsgruppen berücksichtigt werden, um sozial integrierte Teams zu schaffen."[300]

Eine vollständige Übereinstimmung von formaler und informaler Organisation kann es aufgrund der immer vorhandenen Differenzen zwischen den Zielen der Gesamtorganisation und denen der Mitarbeiter ebensowenig geben wie eine für die Aufgabenerfüllung der Gesamtorganisation optimale Mikroorganisation. Aufgabe des Management ist es daher nicht, durch einen Verzicht auf Fremdorganisation der Selbstorganisation einen größtmöglichen Freiraum zu geben, sondern durch Fremdorganisation steuernd die Selbstorganisation auf das Unternehmungsziel auszurichten. In biologischen Systemen ist Selbstorganisation in Gruppen erfolgreich, weil das Individualziel, gleich dem Gruppenziel, das Überleben ist. Unternehmungen sollen jedoch einen Sinn machen, der jenseits der „einfachen" Existenzbehauptung liegt.[301] Daher muß die Führung der virtuellen Unternehmung die Individualziele ihrer Mitglieder und Mitarbeiter in das Gesamtziel des Unternehmungsnetzwerks transformieren.

[300] E. Göbel (1993) 394
[301] vgl. J. Sydow (1992) 256

„Es ist [...] eine der wichtigsten Aufgaben der Führungskräfte [...], klar zu machen, worin die Leistungen der Organisation bestehen, was als gute und was als nicht akzeptable Leistung verstanden wird. Jede Möglichkeit, ohne adäquate Leistung in einer Organisation „zu überleben", muß unterbunden werden. Daß dies im Einzelfall recht schwierig sein kann, versteht sich von selbst; dennoch ist dies eine der wichtigsten Voraussetzungen dafür, daß Selbstorganisation im Dienste des Ganzen steht."[302]

Selbstorganisation ist damit nicht eine im Unvermögen der Organisationsgestalter begründete Flucht vor der Organisationsaufgabe, sondern ein die Fremdorganisation ergänzender und permanent wirksamer, die Ergebnisse der Fremdorganisation mitbestimmender Ordnungsprozeß und, wie oben gezeigt, Grundvoraussetzung der Fremdorganisation. Selbst- und Fremdorganisation sind damit nicht gegensätzliche, sondern sich ergän-zende Ordnungsmechanismen. Zur Förderung der Selbstorganisation reicht es nicht aus, die Fremdorganisation zurückzunehmen:

„Es muß vor allem *anders* und nicht weniger fremdorganisiert werden"[303]

6.2. Evolution virtueller Unternehmungen

Evolution kann definiert werden als Transformation eines Systems in der Zeit durch endogen erzeugten Wandel.[304] Die klassische Evolutionstheorie unterscheidet in ihrer biologischen Tradition drei zentrale Evolutionsprinzipien: Variation, Selektion und Retention.[305]

---

[302] F. Malik (1990) 100
[303] A. Kieser (1994) 220
[304] vgl. E. Göbel (1993) 393
[305] vgl. M. Ringlstetter (1988) 20ff

„Die „Variation" erfolgt im Falle der Evolution sozialer Systeme nicht nur zufällig, sondern auch absichtsvoll. Dabei werden, sei es geplant, sei es ungeplant, neue Technologien ausprobiert, neue Strategien implementiert und neue inner- und zwischenbetriebliche Organisationsformen realisiert.

Die „Selektion [...] wird in letzter Instanz von der Gesellschaft vorgenommen. [... Sie] erfolgt [...] nicht nur extern und ex post sondern auch intern und bereits ex ante. Im Vorfeld externer Selektion kann eine organisations- oder netzwerkinterne Selektion durch das Management wirksam werden. Hier werden bereits geplante Variationen anhand antizipierter externer Selektionskriterien intern selektiert. [...]

Das Evolutionsprinzip der „Retention" schließlich umfaßt die Bewahrung bzw. Reproduktion von Nicht-selektiertem. Die Retention [... erfolgt] im Fall der sozialen Evolution [...] durch soziokulturelle Diffusion, durch Kommunikation, und ermöglicht deshalb Lernen in wesentlich kürzeren Zeiträumen [als die biologische Retention durch Vererbung]. Das Prinzip der Retention [...] liefert die theoretische Begründung für das [...] Phänomen des organisatorischen Konservatismus."[306]

Grundbedingungen der Reproduktion und damit der Evolution sind Autonomie, Selbstreferenz, Komplexität und Redundanz.[307] Autonomie liegt vor, wenn die Beziehungen und Interaktionen, die das System als Einheit definieren, nur das System selbst und keine anderen Systeme involvieren.[308] Für autonome Organisationen gilt, daß Ereignisse innerhalb der Organisation, obwohl sie Randbedingungen genügen müssen, durch ihre enge Kopplung an die Tiefenstruktur[309] partiell kausale Unabhängigkeit von Ereignissen außerhalb der Organisation gewinnen.[310] Umweltkonstellationen verlieren ihre deterministische Kraft, die ihnen von kontingenztheoretischen Ansätzen zugerechnet wird, und werden zu „Modulatoren des Unternehmungsgeschehens an der Oberfläche"[311], während die identitätsbegründende Tiefenstruktur davon unbeeinflußt bleibt.[312] Da die Umwelt jedoch die Oberflächenstruktur einer Unternehmung beeinflussen kann, sind sie nicht vollständig kontextunabhängig. Autonomie ist folglich immer relativ: Unternehmungen beeinflussen durch Interaktion mit

---

[306] J. Sydow (1992) 254
[307] vgl. G. J. B. Probst (1987a) 76
[308] vgl. G. J. B. Probst (1987a) 82
[309] d. h. insbesondere Corporate Identity und Unternehmenskultur
[310] vgl. M. Ringlstetter (1988) 134f
[311] G. J. B. Probst und R.-W. Scheuss (1984) 481
[312] vgl. G. J. B. Probst und R.-W. Scheuss (1984) 486

anderen Organisationen ihre Umwelt und werden auf gleiche Weise von dieser beeinflußt.[313]

Wirkt Verhalten eines Systems auf sich selbst zurück und wird zum Ausgangspunkt für weiteres Verhalten, so wird von Selbstreferenz gesprochen. Für das Verständnis des Verhaltens selbstreferentieller Systeme genügt es daher nicht, die Einflüsse aus der Umwelt zu betrachten; auch die vorangegangenen Aktivitäten des Systems müssen in die Betrachtung eingeschlossen werden. Selbstorganisierende Systeme sind grundsätzlich selbstreferentiell, da die Organisatoren Teil des Systems sind, auf das sich ihre Maßnahmen und Regelungen beziehen.[314]

Die Bedingung „Komplexität" ist ein Produkt aus der Menge der an einem System beteiligten Entitäten sowie deren Beziehungen untereinander mit der Dynamik.[315] Komplexe Systeme sind i. d. R. weder vollständig beschreibbar noch ist das Systemverhalten prognostizierbar.

Redundanz schließlich bezeichnet die Eigenschaft eines Systems, daß das Organisationspotential nicht nur in unbedingt benötigter Menge, sondern mehrfach vorliegt. Hier steht nicht eine Anordnungskompetenz im Vordergrund, sondern die Fähigkeit der Gestaltung und Lenkung bzw. der Informationsverarbeitung im System. Heterarchie ist ein Garant für Redundanz im System.

Virtuelle Unternehmungen weisen die oben beschriebenen Eigenschaften Autonomie und Selbstreferenz[316] sowie Komplexität und Redundanz offensichtlich in jedem Fall auf. Dennoch ist es Aufgabe der Unternehmungsführung, diese Eigenschaften zu stärken, um das evolutorische und selbstorganisatorische Potential zur Unterstützung des Management durch Komplexitätsreduktion und Stabilisierung zu nutzen. Die Vielfalt innerhalb der virtuellen Unternehmung, die durch die Unterschiedlichkeit der Kooperationspartner bedingt ist, wirkt vor diesem Hintergrund über die evolutorische Selektion auf die Effizienz und Effektivität der virtuellen Unternehmung förderlich.[317]

„[... Gerade] in einer komplexen, sich ständig in nicht vorhersehbarer Weise ändernden Umwelt sind laufend Adjustierungen und Anpassungen einer so großen Zahl von Faktoren erforderlich, um die Lebensfähigkeit und die Effizienz einer

---

[313] vgl. G. Morgan (1986) 69f

[314] vgl. G. J. B. Probst (1987b) 246

[315] vgl. J. Sydow (1992) 252

[316] vgl. Abschnitte 2.5.4 (Grenzen der virtuellen Unternehmung) sowie 5.3 (Corporate Identity und Unternehmenskultur)

[317] vgl. E. Göbel (1993) 395

Unternehmung sicherzustellen, daß diese Leistung nur von polyzentrischen, selbstorganisierenden Systemformen erbracht werden kann."[318] Allianzen sind meist weniger das Ergebnis einer Planung als vielmehr das Ergebnis bestehender Interaktionsbeziehungen.[319] Sie brauchen nicht als Organisation bewußt generiert werden, sondern entstehen im Zuge der Evolution aus der Interaktion der Kooperationspartner miteinander.[320] Häufig beginnen solche Netzwerke mit relativ unbedeutenden Transaktionen, die wenig Vertrauen erfordern und nur mit einem geringen Risiko verbunden sind. Erst im Laufe der Zeit entwickeln sie sich zu virtuellen Unternehmungen, die wohldefinierte Zielsetzungen verfolgen.[321] Von besonderer Bedeutung ist bei der Entstehung virtueller Unternehmungen der „Fit" der beteiligten Unternehmungen.[322]

„Etwaige „Misfits" werden durch *Adaptionen* in technischer, struktureller, administrativer, wissensmäßiger oder auch finanzieller Hinsicht überwunden. Auf diese Weise werden die interorganisationalen Beziehungen stabilisiert, Konflikte zunehmend durch Voice statt durch Exit gelöst, folglich die Chance auf Veränderung der Beziehungen ergriffen und so etwas wie eine gemeinsame Orientierung der Netzwerkunternehmungen oder eine Netzwerkkultur etabliert"[323].

Infolge der Interaktionen und Adaptionen entsteht Abhängigkeit zwischen den Kooperationspartnern. Diese oft gegenseitige Abhängigkeit ist dabei nicht durch ein anfänglich asymmetrisches Machtverhältnis, sondern durch die Austauschaktionen selbst begründet.[324] Auf diese Weise sind interorganisationale Beziehungen selbststabilisierend, wenngleich diese Stabilität nur auf den Prozessen stetigen Wandels „schwimmt".[325] Ist die Aufgabe der virtuellen Unternehmung erfüllt, fällt das Unternehmungsnetzwerk wieder in einen Potentialzustand zurück.[326]

---

[318] F. Malik und G. J. B. Probst (1981) 128
[319] vgl. J. Sydow (1992) 250
[320] vgl. F. Malik und G. J. B. Probst (1981) 74
[321] vgl. J. Sydow (1992) 217
[322] vgl. Abschnitt 5.1.1 (Selektion)
[323] J. Sydow (1992) 217f
[324] vgl. J. Sydow (1992) 218
[325] vgl. G. Morgan (1986) 69f; Die Selbststabilisierung von Systemen und Rückführung gestörter Systeme in einen Gleichgewichtszustand wurde vorwiegend im Rahmen der Kybernetik I untersucht (vgl. M. Maruyama (1963)). Neuere kybernetische Forschung (Kybernetik II) beschäftigt sich vorwiegend mit instabiler Evolution, Flexibilität und Transition von Systemen. Eine ausführlichere Erläuterung dieser Forschung muß hier aus Platzgründen unterbleiben.
[326] vgl. B. Weber (1994) 287

„Die schnelle Umsetzung kumulierten „vergangenheitsorientierten Wissens" in „gegenwartsgestaltendes Können", angetrieben durch „zukunftsorientiertes Wollen" im Rahmen des durch sich wandelnde Normen und Werte geprägten „sozialen Dürfens" ist eine der wichtigsten Fähigkeiten [der Evolution in] Organisationen."[327]

Die Führung der virtuellen Unternehmung sollte sich daher darauf einstellen, daß die Entwicklung des Unternehmungsnetzwerks nur bedingt planbar und voraussagbar ist. Um das evolutorische Potential zu nutzen, sollten (wie bei der Selbstorganisation) lediglich Freiräume für die Entwicklung formal gestaltet werden.[328]

6.3. Organisation virtueller Unternehmungen

Der formale Organisationscharakter virtueller Unternehmungen ist i. d. R. so gering ausgeprägt, daß die formale Organisation selbst Mitarbeitern der Unternehmung oft unbewußt ist. Schwarz spricht in diesem Zusammenhang von einer „latenten Organisation".[329] Die Unbewußtheit der formalen Organisation bedeutet jedoch nicht ihre Sinnlosigkeit: die virtuelle Unternehmung sollte durch formale Organisation so konfiguriert werden, daß für zeitlich aufeinander abgestimmte Tätigkeiten, die zur Nutzung einer temporären Marktchance erforderlich sind, genau die benötigten Fähigkeiten und Ressourcen der Kooperationspartner gebündelt werden.[330] Dabei muß eine hohe Flexibilität durch Ausnutzung von Selbstorganisation und Evolution erreicht werden.

Nach obigen Ausführungen besteht die Organisationsaufgabe der Führung virtueller Unternehmungen in der Gestaltung von Freiräumen für Selbstorganisation und Evolution durch formale Organisation. Diese Aufgabe läßt sich untergliedern in die Gestaltung einer Aufbau- und einer Ablauforganisation, wobei entsprechend der geringen Institutionalisierung die Aufbau- hinter der Ablauforganisation zurücktritt.[331]

---

[327] G. Wolf (1990) 104

[328] vgl. K. Bleicher (1989) 79; Ein Versuch, den Wandel von Unternehmungsnetzwerken zu planen ist das „Transorganizational Development". Vgl hierzu u. a. L. L. Cummings (1984) 400

[329] vgl. P. Schwarz (1979) 86

[330] vgl. T. J. Olbrich (1994) 30

[331] vgl. P. Mertens (1994) 169

6.3.1. Aufbauorganisation

Die Aufbauorganisation der virtuellen Unternehmung sollte sich aufgrund der hohen Dynamik des Unternehmungsnetzwerks sowie des i. d. R. hohen Grades der formalen Organisiertheit innerhalb der Mitgliedsunternehmungen auf die wesentlichen Regelungen beschränken. Die operativen Beziehungen zwischen den Mitgliedsunternehmungen können zu großen Teilen der Selbstorganisation als Freiraum überlassen bleiben; die Selbstorganisation muß aber durch entsprechende Gratifikations- und Leitungsstrukturen auf die Zielsetzung der virtuellen Unternehmung ausgerichtet werden. [332]

„Eine generelle Handlungsfähigkeit der Organisation läßt sich nur sicherstellen, indem bestimmte Vertretungsrechte für das System als Ganzes und bestimmte Handlungszurechnungen formal geregelt werden"[333].

Damit sind Abstimmungsregelungen sowie die Leitungsstrukturen für die gesamte virtuelle Unternehmung und deren wesentliche Unterstützungsfunktionen Gegenstand der Aufbauorganisation.[334]

Aufgrund der großen Bedeutung von Informationssystemen für die zwischenbetriebliche Kooperation und die Effizienz der virtuellen Unternehmung kann die Informationsverarbeitung als wesentliche Unterstützungsfunktion identifiziert werden. Die Leitung dieser Unterstützungsfunktion sollte daher im Rahmen der virtuellen Unternehmung formal geregelt werden.

Der Einfluß von interorganisationalen Feedback-Schleifen auf die Effektivität der virtuellen Unternehmung[335] rechtfertigt eine formale Organisation des Controlling der virtuellen Unternehmung.

Sowohl die Gesamtleitung, als auch die Leitung der Unterstützungsfunktionen wird entsprechend dem Führungskonzept Heterarchie durch interorganisationale Gremien wahrgenommen. Die Gesamtleitung der virtuellen Unternehmung kann gemäß Abschnitt 5.2.1 (Führungsträger) auf zwei Gremien verteilt werden. Während „Kernkompetenzmanager" die strategische Zielsetzung der virtuellen Unternehmung festlegen und an bedeutenden Selektionsentscheidungen sowie der Evaluation beteiligt werden, obliegt die Gesamtheit der Führungsaufgaben (Selektion, Regulation, Alloka-

---

[332] vgl. J. Sydow und A. Windeler (1994) 7
[333] A. Kieser (1994) 217
[334] vgl. J. Sydow und A. Windeler (1994) 7
[335] Prozesse innerhalb eines Kompetenz-Centers sind hochinterdependent mit Prozessen und Ergebnissen anderer Kompetenz-Center. Rückkopplungen können daher die Effektivität der virtuellen Unternehmung stark erhöhen.

tion und Evaluation) einem ständigen Gremium der Projektleiter, das sich der Führungsunterstützung durch Controlling und Informationssysteme bedient. Das Gremium der „Kernkompetenzmanager" ist die letzte Konfliktlösungsinstanz; seine Beschlüsse sollten einstimmig gefällt werden, um die Kohäsion der Mitgliedsunternehmungen nicht zu gefährden.[336] Die genaue Konfiguration solcher Gremien hängt immer auch von der Organisation der Mitgliedsunternehmungen ab; hier soll eine mögliche Konfiguration vorgestellt werden, die ein Unternehmungsnetzwerk mit Mitgliedsunternehmungen, deren Organisation auf Kompetenz-Centern aufbaut, voraussetzt.

---

[336] vgl. H.-D. Litke (1993) 71; H.-D. Litke geht davon aus, daß ein monatliches Zusammentreffen dieses Gremiums optimal ist; die „Kernkompetenzmanager" können sich dabei nicht vertreten lassen, da sonst evtl. fehlende Entscheidungs- und Verantwortungsbefugnis die Entschlußfähigkeit dieses Gremiums in Frage stellt.

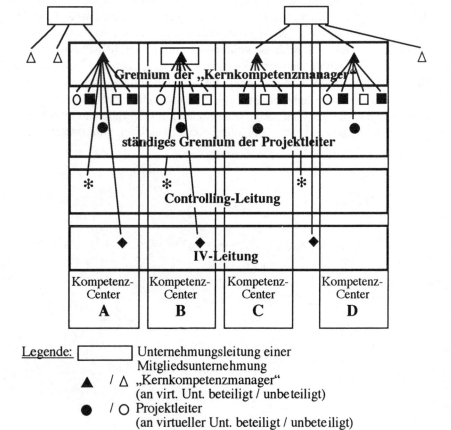

Legende:

		Unternehmungsleitung einer Mitgliedsunternehmung
▲	/ △	„Kernkompetenzmanager" (an virt. Unt. beteiligt / unbeteiligt)
●	/ ○	Projektleiter (an virtueller Unt. beteiligt / unbeteiligt)
*		Controlling-Leiter
◆		IV-Leiter
■	/ □	sonstige Leitungsstelle (an virt. Unt. beteiligt / unbeteiligt)

Abbildung 3: Leitungsstruktur einer virtuellen Unternehmung

Von dieser Leitungskonzeption unberührt ist die fallweise Einrichtung und Besetzung von Ausschüssen, die aufgrund ihrer hohen situativen Bedingtheit nicht in das Organigramm aufgenommen wurden.

Die Verwaltung des gesamten Unternehmungsnetzwerks kann aus der virtuellen Unternehmung auf die Mitgliedsunternehmungen oder auf Outsourcer ausgelagert werden. Auch ist die Einrichtung einer zentralen

102

Verwaltungsstelle in Trägerschaft der virtuellen Unternehmung möglich; ein etwaiger Verwaltungsleiter würde dann der Gesamtleitung der virtuellen Unternehmung (dem ständigen Gremium der Projektleiter) berichten.

6.3.2. Ablauforganisation

Gegenstand der Ablauforganisation ist die raumzeitliche Koordination von Arbeitsgängen mit dem Ziel, diese lückenlos aufeinander abzustimmen.

„Wirkungsvolle zwischenbetriebliche Koordination in zeitkritischen Transaktionen setzt die Entwicklung von Mechanismen zur Synchronisation von Prozessen sowie Vereinheitlichung und Anpassung von organisatorischen Abläufen und Handelspraktiken voraus."[337]

Generelle Regelungen sind für neuartige Prozesse oft nicht möglich; neuartige und seltene Prozesse sind sinnvollerweise Gegenstand der Selbstorganisation. Auch bei der Festlegung des Ablaufs repetitiver Tätigkeiten sollten Freiräume für Selbstorganisation und Evolution gelassen werden, um Ablaufverbesserungen nicht unnötig zu erschweren.

Litke unterscheidet eine technische und eine administrative Ablauforganisation.

„Bei der administrativen Ablauforganisation werden generelle Regelungen für die Erledigung bestimmter Arten von Geschäftsvorfällen aufgestellt[...], die dann auf jeden entsprechenden dieser Vorfälle angewendet werden. Eine Regelung umfaßt Vorschriften, welche Instanzen oder Stellen in welcher Reihenfolge anzulaufen und welche Aktivitäten dort auszuführen sind. Es handelt sich um Anordnungen für ein ganzes Kollektiv durchführbarer Aufgaben eines bestimmten Typs. Ebenfalls auf die gesamte Menge eines bestimmten Aufgabentyps beziehen sich eventuelle Vorschriften über die Art der Arbeitsausführung."[338]

Die administrative Ablauforganisation der virtuellen Unternehmung sollte, da sie mehrere Mitgliedsunternehmungen betrifft, die zeitgleich und in zeitlicher Abfolge an mehreren virtuellen Unternehmungen beteiligt sein können, auf Standards und Normen zurückgreifen, wo solche verfügbar sind.[339] Für Abläufe, die für die Gesamtheit virtueller Unternehmungen spezifisch sind, müssen sich solche Standards aufgrund der Neuartigkeit des Konzepts

---

[337] N. Szyperski und S. Klein (1993) 200
[338] H.-D. Litke (1993) 87
[339] Der Rückgriff auf Normen und Standards erweist sich auch im Hinblick auf eine informationstechnische Unterstützung als optimal, wie im Kapitel 7 (Informationstechnische Unterstützung) deutlich werden wird.

im Rahmen der Evolution erst herausbilden. Für Abläufe, die für einzelne virtuelle Unternehmungen spezifisch sind, können keine allgemeinen Gestaltungsempfehlungen gegeben werden.

Unter der technischen Ablauforganisation versteht Litke, bezogen auf Projekte, die Strukturierung eines gesamten Projektablaufs.[340] Werden Projekte in Anlehnung an Martino als abgrenzbare Einzelvorhaben mit definierbaren Anfang und Ende beschrieben,[341] so läßt sich die virtuelle Unternehmung als ein überbetriebliches Projekt begreifen. Damit sind Methoden des Projektmanagement auch für virtuelle Unternehmungen anwendbar.[342] Hier soll ein möglicher Ablaufplan der virtuellen Unternehmung dargestellt werden; Rückkopplungen und Überschneidungen zwischen den dargestellten „Phasen" können in diesem Modell aufgrund ihrer Vielzahl nur ansatzweise berücksichtigt werden.

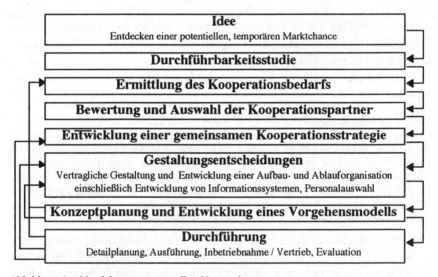

Abbildung 4: Ablaufplan einer virtuellen Unternehmung

---

340 vgl. H.-D. Litke (1993) 87
341 vgl. R. L. Martino (1976) 17
342 Eine Darstellung des Projektmanagement würde den Rahmen dieser Arbeit sprengen. Während zum Bereich Projektmanagement eine Vielzahl von Veröffentlichungen vorliegen, ist eine Theorie des Management überbetrieblicher Projekte äußerst unterentwickelt.

104

6.4. Organisation einer Infrastruktur für virtuelle Unternehmungen

Der Erfolg virtueller Unternehmungen ist nicht allein von ihnen selbst, sondern zu einem großen Teil auch von der Infrastruktur, in der sie sich bewegen, abhängig. Dies wird bei der Betrachtung des Einflusses von Standards auf die Transaktionskosten deutlich: sind Verträge, Leistungsabläufe und Schnittstellen zwischen Informationssystemen standardisiert oder genormt, können große Teile der kooperationsspezifischen Investitionskosten eingespart und die in der Spezifität von Investitionen begründeten Kooperationsrisiken gemindert werden.[343] Die größte Bedeutung kommt in diesem Zusammenhang der Kommunikationsinfrastuktur und der informationslogistischen Infrastruktur zu.[344] Beide zusammen mindern die Bedeutung lokaler Nähe[345] und machen „Steckkompatibilität" von Kooperationspartnern erst möglich.[346]

Dienstleister, die neben Kommunikationsnetzen und Informationsverarbeitungskapazitäten weitere Dienstleistungen kombiniert anbieten, können Effektivität und Effizienz virtueller Unternehmungen nachhaltig unterstützen. Kombinationsfähige Dienstleistungen sind u. a. :

- Bereitstellung eines elektronischen Kooperationsforums, in dem Kompetenz-Center ihre Leistungen beschreiben und anbieten können,[347]
- synchrone und asynchrone Datenübertragung,
- Abwicklung des elektronischen Zahlungsverkehrs,
- Unterstützung der Vertragsverhandlung und -gestaltung durch standardisierte Vertragsbausteine,   Video-Conferencing und elektronische Unterschriften,
- Bereitstellung von Büro- und Konferenzräumen, sowie Sekretariatskapazitäten einschließlich Telefon-, Fax- und Datendienstanschlüssen und -bedienung,[348]
- Bereitstellung von Briefkästen und Nachsendeverwaltung (vergleichbar einer Rufumleitung),
- Dienstleistungs- und Güterlogistik sowie Transport.

---

343 vgl. J. Kronen (1994) 44
344 vgl. G. Vogt (1994) 7 sowie N. Szyperski und S. Klein (19993) 192
345 vgl. W. W. Powell (1990) 313
346 vgl. J. A. Byrne (1993) 38
347 Eine vergleichbare Idee findet sich bei T. J. Olbrich (1994) 34f
348 Die Franchise-Kette „Ihr Büro" bietet als erster Dienstleister ein internationales Netz mit Sekretariatsdienstleistungen, Büro- und Konferenzraumvermietungen.

Liegen erste Erfahrungen aus virtuellen Unternehmungen über Verhalten, Einstellungen, Ziele, Vertrauenswürdigkeit und Kompetenzen von Kooperationspartnern vor, können diese ebenfalls von Dienstleistern an Kooperationspartner mit berechtigtem Interesse weitergeleitet werden.

„[... Mit] einer Fallbasis, in der die Erfahrungen aus Kooperationsprojekten gesammelt werden, [kann] ein „organizational memory" [zur Verfügung gestellt werden], das bei der Frage der Auswahl von Kooperationspartnern und der Bewertung der Erfolgsaussichten von Kooperationen Erfahrungswissen zur Verfügung stellt und somit Entscheidungsträger unterstützt."[349]

Denkbar ist auch ein kombiniertes Angebot solcher Erfahrungsdaten mit Informationen über Rechtsform, Kreditwürdigkeit, Zahlungsmoral u. ä., wie sie schon heute von vielen Kreditsicherungsgesellschaften und -vereinen angeboten werden. Die Bereitstellung dieser sensiblen Daten an interessierte Unternehmungen kann die Repuation und damit auch das Verhalten der Kooperationspartner massiv beeinflussen.[350]

---

[349] T. J. Olbrich (1993) 35
[350] vgl. Abschnitt 4.1 (Vertrauen)

7. Informationstechnische Unterstützung virtueller Unternehmungen

Auf die Bedeutung von Informationssystemen für den Erfolg virtueller Unternehmungen wurde im Rahmen dieser Arbeit schon mehrfach hingewiesen.[351] Informationssysteme können in virtuellen Unternehmungen verschiedene Funktionen wahrnehmen: Transaktionsverarbeitung, Entscheidungsunterstützung, Überwachungs- und Evaluationsunterstützung, Dokumentation, Kommunikationsunterstützung und andere mehr.[352]

Informationssysteme, die die Mitgliedsunternehmungen und Kompetenz-Center allein unterstützen, sollen hier nicht Gegenstand der weiteren Darstellung werden.[353] Für die Unterstützung einer Führung und Organisation der virtuellen Unternehmung als Ganzes sind vielmehr alle Informationssysteme von Interesse, die die zwischenbetriebliche Datenverarbeitung unterstützen.

Wie im letzten Abschnitt zur Infrastruktur der virtuellen Unternehmung deutlich wurde, kann ein Teil dieser Unterstützung durch Anbieter von um weitere Dienstleistungen erweiterten Netzwerkdiensten bereitgestellt werden. Nach einer Darstellung solcher infrastruktureller Informationssysteme (VANs und elektronische Märkte) sollen die Unterstützungspotentiale der zwischenbetrieblichen Daten- und Funktionsintegration (Electronic Data Interchange und interorganisationale Informationssysteme) beschrieben werden. Abschließend werden Informationssysteme vorgestellt, die die Individualkommunikation und -kooperation in Arbeitsgruppen unterstützen (Groupware).

---

[351] besonders im Abschnitt 4.3 (Erfolgsfaktor Informationstechnik)
[352] vgl. V. Gurbaxani und S. Whang (1991) 66
[353] Zu betrieblichen Informationssystemen gibt es eine breite Forschung, deren Ergebnisse anderenorts vielfach dargestellt wurden und werden. Eine Zusammenschau dieser Ergebnisse würde den Rahmen dieser Arbeit sprengen.

7.1. VANs und elektronische Märkte

Als VAN (Value Added Network) oder Mehrwertdienst werden alle Kommunikationsnetzwerke bezeichnet, deren Leistung über die einfache Bereitstellung einer Datenübertragungskapazität hinausgehen. Die über die reine Transportleistung hinausgehenden Dienstleistungen können ihrer Art nach sehr unterschiedlich sein. Üblicherweise wird zwischen netznahen und anwendernahen Dienstleistungen unterschieden.[354]

Netznahe Dienstleistungen betreffen den Datentransport als technische Dienstleistung. Die angebotenen Mehrwertdienste sind im wesentlichen:[355]

- Konvertierung zwischen verschiedenen Datenübertragungsprotokollen (Standardtransformation),
- Konvertierung zwischen verschiedenen Datenübertragungsraten (Geschwindigkeitstransformation),
- Datenzwischenspeicherung zur Ermöglichung asynchroner Datenübertragung,
- Bereitstellung von Datenübertragungsstatistiken, Rufumleitung und
- netzwerkbezogene Beratung.

Beispiele für VANs mit netznahen Mehrwertdiensten sind die von der Deutschen Telekom AG betriebenen Netzwerke Datex-P und Integrated Services Digital Network (ISDN). Solche VANs unterstützen virtuelle Unternehmungen, indem sie Kooperationsbarrieren abbauen, die aus unterschiedlichen Datenfernübertragungsstandards bei verschiedenen Kooperationspartnern resultieren. Die Möglichkeit zur asynchronen Kommunikation mindert die beanspruchte Datenfernübertragungskapazität auf Seiten der Mitgliedsunternehmungen und läßt die Problematik der zeitlichen Koordination zwischenbetrieblicher Datenübertragung an Bedeutung verlieren.

---

[354] so z. B. H.-P. Fröschle et al (1993) 14
[355] vgl. M. Ebers (1994) 35

Das Leistungsspektrum der Anbieter anwendernaher Mehrwertdienste umfaßt unter anderem:[356]

- elektronische Post und Konferenzdienste,
- Datenbanken und Auskunftsdienste,
- Abwicklung des Zahlungsverkehrs per Last- und Gutschriftsverfahren
  sowie Kreditkarte und
- Waren- und Dienstleistungsbörsen einschließlich Buchungs- und Reser-
  vierungssystemen.

Mit solchen Dienstleistungen kann ein großer Teil der in Abschnitt 6.4 dargestellten Infrastruktur zur Unterstützung virtueller Unternehmungen bereitgestellt werden. Beispiele für anwendernahe Mehrwertdienste sind das
Auskunftssystem Incom des Verbands Creditreform, das Daten über
Rechtsform, Zahlungsmoral und Kreditwürdigkeit aller Unternehmungen
im deutschsprachigen Raum bereithält und CompuServe, ein privates
Kommunikations- und Informationssystem, das u. a. Kommunikationsforen
für verschiedene Interessengruppen, elektronische Post und Auskunftsdienste (Börsennotierungen, Fahr- und Flugpläne etc.) beinhaltet. Auch Tele-
textsysteme wie der von der Deutschen Telekom AG angebotene Bild-
schirmtext können als anwendernaher Mehrwertdienste eingestuft werden.
Sowohl Anbieter von netznahen als auch Anbieter von anwendernahen
Mehrwertdiensten greifen i. d. R. auf Datenübertragungsnetze der Telefon-
gesellschaften zurück; anwendernahe VANs bauen zum Teil auch auf netznahen Mehrwertdiensten auf.[357]

Elektronische Märkte[358] sind eine Ausprägung anwendernaher Mehrwertdienste. Sie bieten in unterschiedlichem Umfang Unterstützung in verschiedenen Phasen von Markttransaktionen wie Suche und Bewertung geeigneter Vertragspartner, Vertragsabschluß, Versicherung, Fakturierung und
Zahlungsverkehrsabwicklung. Aufgrund der relativ geringen Gebühren für
die Benutzung elektronischer Märkte ermöglichen diese Mehrwertdienste
signifikante Transaktionskosteneinsparungen auf Seiten aller (potentiellen)
Transaktionspartner. Während elektronische Märkte für Touristik- und Spe-
ditionsdienstleistungen sowie die Arzneimittelversorgung recht bekannt und

---

[356] vgl. A. Schrader (1993) 8
[357] Incom beispielsweise baut auf Datex-P und ISDN auf. Das wohl bedeutendste interna-
tionale Netzwerk, das als Rahmen für anwenderbezogene Mehrwertdienste dienen
kann, ist das InterNet.
[358] Elektronische Märkte werden z. T. auch als „virtuelle Märkte" bezeichnet.

verbreitet sind, befinden sich elektronische Märkte zur Unterstützung von Kooperationen erst in der Versuchsphase.

Ein Beispiel für elektronische Märkte zur Kooperationsunterstützung ist das SemNet (Southeast Manufacturing Network) in den Südoststaaten der USA. Dieser elektronische Markt verbindet Entwickler, Produzenten sowie Universitäten und unterstützt die Koordination von Entwicklung und Fertigung durch zur interaktiven Benutzung im Netzwerk angebotene Entwurfsprogramme (CAD[359], CAE[360]), Fertigungssteuerungsprogramme (CAM[361]), Logistikdienstleistungen, Kooperations- und Lieferantenbörsen, Video-Conferencing, elektronische Verträge und zwischenbetrieblichen Geschäftsdatenaustausch einschließlich Zahlungsverkehrsabwicklung.[362] Als Rahmen für diesen elektronischen Markt dient das SupraNet, ein Mehrwertdienst, der auf dem InterNet aufbaut.

Werden solche elektronischen Märkte überregional für alle Interessenten zugänglich, können sie die virtuelle Unternehmung in jedem Entwicklungsstadium massiv unterstützen und über eine Verbesserung der Kostensituation die Effizienz sowie über eine Steigerung der Flexibilität die Effektivität virtueller Unternehmungen erhöhen. Konkurrierende Anbieter elektronischer Märkte können ihre Mehrwertdienste basierend auf Standards wie dem InterNet integrieren und so gemeinsam eine weltweit kooperationsunterstützende Clearing-Stelle bilden. Auch ist ein kombiniertes Angebot von elektronischen Märkten mit weiteren infrastrukturellen Dienstleistungen denkbar.[363]

7.2. Electronic Data Interchange (EDI)

Als Electronic Data Interchange (EDI) lassen sich grundsätzlich alle Formen elektronischer Datenübertragung bezeichnen; in der Regel wird der Begriff aber auf die Übertragung von Daten zwischen wirtschaftlich selbständigen Unternehmungen begeschränkt, die hard- und softwareneutrale Weiterverarbeitung ohne manuelle Datenerfassung ermöglichen.[364] Oft wird der Begriff EDI weiter eingeschränkt auf die Übertragung von stan-

---

[359] CAD steht für Computer Aided Design..
[360] CAE steht für Computer Aided Engineering.
[361] CAM steht für Computer Aided Manufacuring.
[362] Siehe hierzu u. a. T. Valovic (1993) 48
[363] vgl. Abschnitt 6.4 (Infrastruktur der virtuellen Unternehmung)
[364] vgl. z. B. H. K. C. Pfeiffer (1992) 178f

dardisierten, die Geschäftsabwicklung begleitenden, rein kommerziellen Daten.[365] Eine solche Einschränkung erscheint aber vor dem Hintergrund empirischer Untersuchungen, die die Bedeutung des Austausches über Handelsdaten hinausgehender Daten belegen, nicht sinnvoll.[366] Auch ist die Problematik der Datenübertragung von den Kommunikationsinhalten weitgehend unabhängig, weshalb hier auch der Austausch von technischen Daten, Bildern und freien Texten als Electronic Data Interchange bezeichnet werden soll. EDI bezeichnet demnach eine Form der zwischenbetrieblichen Kommunikation, bei der geschäftliche und technische Daten in standardisierten Formaten zwischen den Computern wirtschaftlich selbständiger Unternehmungen unter Anwendung elektronischer Kommunikationsverfahren mit der Möglichkeit einer bruchlosen Weiterverarbeitung ausgetauscht werden.[367] Damit ist der Einsatz von EDI prinzipiell an allen zwischenbetrieblichen Schnittstellen möglich. Besondere Bedeutung haben bislang der elektronische Datenaustausch zwischen Industrieunternehmungen und Handel sowie zwischen diesen beiden und Banken erlangt. Auch Geschäftsbeziehungen zwischen Industrieunternehmungen, insbesondere Zulieferbeziehungen, sowie zwischen Banken sind wichtige Anwendungsfelder des Electronic Data Interchange.

---

[365] Beispiele für solche Daten sind Angebote, Aufträge und Rechnungen. Vgl. z. B. P. Kimberley (1991) 6
[366] Eine empirische Untersuchung hierzu findet sich z. B. bei W. Kilian et al (1994).
[367] vgl. A. Picot et al (1991) 23

Neben Hardware und Software zur Datenübermittlung sind Standards und Normen eine grundlegende Voraussetzung des elektronischen Datenaustausches. Standards müssen die Kompatibilität der Datenübertragungs- und -verarbeitungseinrichtungen von Geschäftspartnern, die am Datenaustausch beteiligt sind, auf vier Ebenen sicherstellen:[368]

- auf der Ebene der benutzten Datenübertragungskanäle,
- auf der Ebene der benutzten Basistechnologie, d. h. der Datenübertragungshardware und der systemnahen Software,
- auf der Ebene der benutzten Daten- und Dateiformate,
- auf der Ebene der übermittelten Dateninhalte .

Als Datenübertragungskanäle kommen grundsätzlich vier Möglichkeiten in Betracht: Direktverbindungen, private Datennetze, öffentliche Telekommunikationsnetze und die im vorangehenden Abschnitt beschriebenen Mehrwertdienste;[369] innerhalb dieser grundlegenden Optionen gibt es zum Teil weitere Wahlmöglichkeiten (z. B. die Wahl eines VAN). Kompatibilität kann auf Ebene der Datenübertragungskanäle einerseits dadurch sichergestellt werden, daß der identische Kanal verwandt wird, andererseits können Bridge-Programme auf Seiten der Kanalanbieter Kompatibilität an Schnittstellen zwischen verschiedenen Kanälen herstellen.[370]

Für die Basistechnologie zum EDI gibt es eine Vielzahl von Standards und Normen, die permanent weiterentwickelt werden. Gegenstand der Vereinheitlichung sind insbesondere Datenübertragungsraten, Zeichentabellen, Paketlängen, Kommunikationsprotokolle und Datenkompressionsverfahren. In der Regel sind Datenübertragungsgeräte und die dazu verfügbare systemnahe Software in der Lage, eine Vielzahl von Standards zu bedienen und gängige Geräte zu emulieren, so daß zwischen den Datenübertragungseinrichtungen der Kommunikationspartner praktisch immer ein „kleinster gemeinsamer Nenner" gefunden werden kann.

---

[368] vgl. H. Kubicek (1991) 10. Der Autor faßt die letzten beiden Ebenen zusammen. Das allgemein anerkannte ISO/OSI Referenzmodell (ISO/OSI steht für International Standards Institute / Open Systems Interconnection) unterscheidet sieben Ebenen, auf denen Kompatibilität hergestellt werden kann: die Bitübertragung, die Datenübermittlung, die Paketsteuerung, die Ende-zu-Ende-Steuerung, die Kommunikationssteuerung, die Datendarstellung und die Anwendung. (Vgl. hierzu z. B. P. Gray (1991) 100ff) Eine so detaillierte Gliederung ist zur Unterstützung der Standardisierung äußerst hilfreich. Um das Unterstützungspotential von EDI für virtuelle Unternehmungen darzustellen, erscheint dem Verfasser die hier gewählte gröbere Einteilung fruchtbarer.

[369] vgl. G. K. Janssens und L. Cuyvers (1991) 49f

[370] So ermöglicht z. B. eine Bridge-Seite im Datex-P den Zugang zum ISDN

Daten- und Dateiaufbau beschreiben die Struktur übertragener Dateien und der darin enthaltenen Datensätze. Da diese Strukturen stark vom Inhalt der transferierten Daten abhängen, sind effiziente und gleichzeitig allgemeingültige Festlegungen hier nicht möglich. Dies ist auch ein Problem der Normung: allgemeine Strukturbeschreibungen wie die vielrezipierte ANSI.X12 des American National Standards Institute und das darauf aufbauende EDIFACT (Electronic Data Interchange for Administration, Commerce and Transport), das von verschiedenen UN-Organen und der Kommission der Europäischen Gemeinschaft entwickelt wurde, enthalten jeweils Datenfelder in den Datensatzbeschreibungen, die von ganzen Branchen nicht genutzt werden (können). Daher haben viele Branchen, für die Electronic Data Interchance einen hohen Stellenwert einnimmt, wie zum Beispiel Banken und die Automobilindustrie, eigene Standards zur Datenübermittlung entwickelt, die zum Teil Verkürzungen allgemeiner Standards sind.

Auf der Ebene der Dateninhalte können Kompatibilitätsprobleme besonders bei Verwendung unterschiedlicher Terminologien, Maßeinheiten und Schlüssel entstehen. So muß zum Beispiel für die Übertragung von Bestellungen festgelegt werden, ob Gewichte und Volumina brutto oder netto zu verstehen sind und ob Preise in DM oder in US-$ angegeben werden. Schlüssel wie Artikelnummern bereiten beim EDI besondere Probleme, da sie anders als zum Beispiel Maßeinheiten nicht einfach umgerechnet werden können und wichtige Nummernsysteme wie zum Beispiel das Artikelnummernsystem zu Beginn der Standardisierungsbemühungen in unterschiedlicher Form bei allen Beteiligten bereits existieren und nicht leicht zu ersetzen sind.

Electronic Data Interchange stellt eine äußerst kostengünstige Möglichkeit des Datentransfers zwischen verschiedenen Unternehmungen dar und hat deshalb das Aufkommen des zwischenbetrieblichen Datenverkehrs drastisch erhöht. Durch die niedrigen Kosten und die hohe Geschwindigkeit des Datentransfer wurden neue Fertigungs- und Dienstleistungstechniken erst möglich; Beispiele hierfür sind Just-In-Time-Fertigung, automatische Lageroptimierung, automatischer Versand und händlerlose Vertriebsnetze. Auch neuartige Dienstleistungen haben sich erst infolge der Möglichkeit elektronischen Datenaustausches entwickelt; ein Beispiel hierfür ist die Marktforschung auf Grundlage aller Verkäufe an Scanner-Kassen in Warenhäusern und Supermärkten verschiedener Unternehmungen für Hersteller und darauf aufbauende, regional differenzierte Werbung.

Die Bedeutung von EDI für virtuelle Unternehmungen ist offensichtlich: die Datenverarbeitung in virtuellen Unternehmungen ist zu großen Teilen nicht inner- sondern zwischenbetriebliche Datenverarbeitung. Ohne EDI müßten viele Daten manuell mehrfach erfaßt werden, was insbesondere zeitkritische Entwicklungen und Fertigungen unmöglich machen würde. Die Möglichkeit zum EDI beseitigt Zeit- und Kostennachteile der Kooperation gegenüber der vertikalen Integration; ohne EDI wären virtuelle Unternehmungen konventionellen Unternehmungen in Effizienz und Effektivität oft unterlegen. Eine Gefahr des Electronic Data Interchange auch für virtuelle Unternehmungen ist dessen Verletzlichkeit: fallen Datenübertragungskanäle oder Datenübertragungs- und -verarbeitungsanlagen aus, steht mit dem EDI ein großer Teil des Wertschöpfungsprozesses der virtuellen Unternehmung still. Daher ist die Verbesserung der Möglichkeiten zur Sicherung wichtiger Anlagen, zum Beispiel durch autonome Spiegelleitungen, eine an Bedeutung nicht zu unterschätzende Aufgabe für Forschung und Entwicklung.

7.3. Interorganisationale Informationssysteme

Als interorganisationale Informationssysteme (IOS) werden alle Informationssysteme bezeichnet, die von zwei oder mehreren wirtschaftlich selbständigen Unternehmungen benutzt werden. Die Benutzung muß sich dabei nicht auf das ganze System beziehen; vielmehr genügt es, wenn Teile des Systems der gemeinsamen Nutzung unterliegen.[371] Grundsätzlich fallen damit auch Mehrwertdienste[372] und Informationssysteme zur Unterstützung der Kooperation und Kommunikation in unternehmungsübergreifenden Arbeitsgruppen[373] in die Klasse interorganisationaler Informationssysteme. Diese Informationssyteme sollen jedoch in diesem Abschnitt nicht weiter behandelt werden.

Hier sollen Informationssysteme und Durchführungssysteme unterschieden werden, die beide Ausprägungen von interorganisationalen Informationssystemen sind.[374]

---

[371] vgl. J. I. Cash (1987) 201
[372] vgl. Abschnitt 7.1
[373] vgl. Abschnitt 7.4
[374] J. Kronen (1994) 146ff unterscheidet Kooperationsmanagementsysteme, Kooperations durchführungssysteme und kooperationsfokussierte Systeme. Letztere zeichnen sich dadurch aus, daß sie wesentlicher Gegenstand einer Kooperation sind. Die in dieser Arbeit eingeführte Unterscheidung zwischen Informations- und Durchführungs-

Informationssysteme unterstützen die heterarchische Führung virtueller Unternehmungen durch multidirektionale Informationsflüsse zwischen den verschiedenen Führungsträgern und sonstigen Mitarbeitern. Begriffe wie Management- oder Führungsinformationssystem wurden hier bewußt nicht gewählt, um zu verdeutlichen, daß Informationsflüsse nicht nur zur Unternehmungsführung hin, sondern auch von dieser weg führen; Informationssysteme dienen damit nicht allein der Information der Führung, sondern auch der sonstiger Mitarbeiter.[375] Informationssysteme in virtuellen Unternehmungen können jedoch Managementinformationssysteme (MIS)[376] und Führungsinformationssysteme (FIS)[377] umfassen. Beide Systeme müssen für die virtuelle Unternehmung jedoch mandantenfähig sein, d. h. die Kooperationspartner unterscheiden und eine Zusammenarbeit dieser Partner unterstützen können. Weitere Informationssysteme zur Unterstützung der Führung virtueller Unternehmungen sind Entscheidungsunterstützungs- und Projektmanagementsysteme. Für beide gilt die Anforderung an die Mandantenfähigkeit. Projektmanagementsysteme erleichtern der Führung virtueller Unternehmungen die Termin-, Kosten- und Kapazitätsplanung durch Unterstützung bei der Nutzung von Planungstechniken wie zum Beispiel der Netzplantechnik. Das Leistungsspektrum der Projektmanagementsysteme zur Unterstützung der Führungsträger in der virtuellen Unternehmung muß jedoch insofern über das Leistungsspektrum herkömmlicher Projektmanagementsysteme hinausgehen, als daß Kapazitäten und Termine überbetrieblich abgestimmt werden müssen. Ähnliches gilt für die Unterstützung eines Projektcontrolling. Wie die Organisation des Controlling in virtuellen Unternehmungen[378] müssen auch die das Controlling unterstützenden Informationssysteme integriert werden. So sollte eine Projektkosten- und -leistungsrechnung eingeführt werden, die die projektbezogenen Daten der bei den Mitgliedsunternehmungen geführten Kalkulationssysteme integriert. Auch Qualitätssicherungssysteme, die Rückkopplungen zwischen verschiedenen Kompetenz-Centern berücksichtigen, sind zur Unterstützung des Controlling hilfreich.

---

systemen entspricht der Unterscheidung zwischen Kooperationsmanagementsystemen und Kooperationsdurchführungssystemen.

[375] vgl. zu diesen Überlegungen, 176 und 231

[376] vgl. zu Anforderungen an Managementinformationssysteme R. L. Ackoff (1967) 147ff

[377] vgl. zu Anforderungen an und Konzeption von Führungsinformationssystemen H. D. Groffmann (1992)

[378] vgl. Abschnitt 6.3.1 (Aufbauorganisation der virtuellen Unternehmung)

Durchführungssysteme unterstützen die Abwicklung von Entwicklungs- und Fertigungsprozessen und stellen damit das informationstechnische Äquivalent zur Prozeßintegration dar. Durchführungssysteme in der Entwicklung sind im wesentlichen interorganisational interaktive CAD- und CAE-Programme[379] sowie Konfigurationsmanagement-Systeme. Die Fertigung kann durch betriebsübergreifende Bestell- und Fertigungssteuerungssysteme sowie gemeinsame Logistik-Systeme unterstützt werden. Weitere Unterstützungsmöglichkeiten für kooperationsweite Durchführungssysteme sind in integrierten Einkaufssystemen zu sehen, die die Einkaufsmacht bündeln und dennoch getrennte Abrechnungen und Bestandsführungen ermöglichen.[380] Auch eine informationstechnische Integration des After-Sales-Service erscheint in virtuellen Unternehmungen sinnvoll.

Die Trennung zwischen Informations- und Durchführungssystemen ist analytischer Natur: Qualitätssicherungssysteme unterstützen beispielsweise sowohl das Controlling als auch die Fertigung und können daher kaum einer der beiden Gruppen zugeordnet werden. Ähnlich wie innerhalb konventioneller Unternehmungen sollten die Informations- und Durchführungssysteme auch innerhalb der virtuellen Unternehmung integriert werden, damit Doppelerfassungen, Fehler und Zeitverzögerungen vermieden werden können.

Grundsätzlich gibt es für die Gestaltung interorganisationaler Informationssysteme verschiedene Möglichkeiten. Drei grundlegende Modelle sollen hier als Reinform kurz diskutiert werden; Mischformen zwischen diesen Modellen sind durchaus möglich.

---

[379] Eine Möglichkeit, solche Systeme zu realisieren wurde bereits mit dem Beispiel SemNet im Abschnitt 7.1 (VANs und elektronische Märkte) angesprochen.
[380] vgl. J. Kronen (1994) 148f

Werden Informationssysteme in Anwendung und Datenbasis gegliedert, so können das Applikations-Sharing, das Daten-Sharing und die Applikations-Kommunikation unterschieden werden:

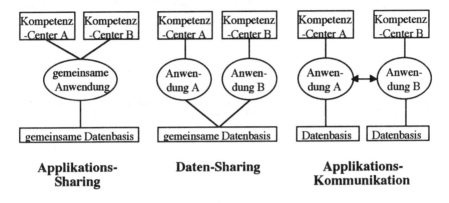

Abbildung 5: Alternative Formen interorganisationale Informationssysteme
(in Anlehnung an J. Kronen (1994) 164)

Die Applikations-Kommunikation entspricht im wesentlichen dem im letzten Abschnitt dargestellten Electronic Data Interchange. Diese Form ist aufgrund der Anlage der virtuellen Unternehmung auf Zeit dann sinnvoll, wenn keine Standards für Datenbasen existieren oder die Datenbasis nicht in standardisierter Form vorliegt; eine aufwendige Anpassung der Informationssysteme der Mitglieder an eine individuelle Datenbasis ist unter solchen Umständen nicht zu rechtfertigen.

Das Daten-Sharing setzt auf Seiten der Mitgliedsunternehmungen ein mit der Datenbasis kompatibles Datenmodell voraus. Liegt eine solche Kompatibilität zwischen mehreren Kooperationspartnern vor, ist das Daten-Sharing eine sinnvolle Option, da es eine hohe Integrität der Datenbestände sicherstellt und andererseits keine Umstellung der Anwendungssysteme erfordert. Der Gefahr des Datenmißbrauchs, besonders in horizontalen Kooperationen zwischen Wettbewerbern, muß wirksam begegnet werden.

Das Applikations-Sharing stellt die stärkste Integration interorganisationaler Informationssysteme dar, da sie nicht nur die Daten, sondern auch die Funktionalität integriert. Für die virtuelle Unternehmung ist eine solche Integration durchaus wünschenswert, da sie mitunter Abläufe vereinheitlicht und beschleunigt, eine höhere Transparenz und damit geringere Komplexität gewährleistet. Dennoch ist in der virtuellen Unternehmung als temporärem Unternehmungsnetzwerk von einem Applikations-Sharing dann abzusehen, wenn die in den Mitgliedsunternehmungen einzuführenden Anwendungen der dortigen Aufbau- und Ablauforganisation nicht entsprechen oder eine Nutzung dieser Anwendungssysteme in weiteren Kooperationen unwahrscheinlich ist. Eine weite Verbreitung einheitlicher, stark parametrisierter Anwendungen zur Kooperationsunterstützung kann in Zukunft virtuellen Unternehmungen eine Erleichterung des Applikations-Sharing bieten.

Interorganisationale Informationssysteme sind oft der einzige Produktionsfaktor im Eigentum virtueller Unternehmungen; die daraus erwachsende Bedeutung der Gestaltung solcher Informationssysteme für die Unternehmungsführung ist offensichtlich.[381]

7.4. Groupware

Herkömmliche Informationssysteme unterstützen ihre Benutzer bei der Bewältigung ihrer Aufgaben sowie bei der Kommunikation mit dem Computer. Bei Betrachtung der Bedeutung von Zusammenarbeit für die Effizienz und Effektivität der Aufgabenbewältigung wird offensichtlich, daß solche Informationssysteme ein großes Produktivitätspotential, das in der Unterstützung dieser Zusammenarbeit liegt, ungenutzt lassen.[382] Groupware als „Software für die Gruppe" versucht dieses Produktivitätspotential auszuschöpfen.

Als Groupware oder CSCW -Systeme[383] werden alle Informationssysteme bezeichnet, die Zusammenarbeit in Gruppen von Mitarbeitern unterstützen, die an einer gemeinsamen Aufgabe arbeiten. Solche Systeme stellen eine Schnittstelle zu einer gemeinsam genutzten Arbeitsumgebung bereit.[384]

Groupware besteht in der Regel nicht aus einem monolithischen Programm, sondern aus einer Vielzahl von Softwaresystemen. Um das Spek

---

[381] vgl. W. Semich (1994)42
[382] vgl. hierzu auch die Ausführungen zum Produktivitätsparadoxon in Abschnitt 4.3 (Informationstechnik)
[383] CSCW steht für Computer Supported Coooperative Work
[384] vgl. C. A. Ellis et al (1991) 40

trum dieser Systeme etwas transparenter zu machen wird oft eine Matrix über die Dimensionen Zeit und Raum aufgespannt:

	gleichzeitig	verschiedene Zeitpunkte
gleicher Ort	Angesichts-Interaktion	asynchrone Interaktion
distant	synchrone, verteilte Interaktion	asynchrone, verteilte Interaktion

Abbildung 6: Gliederung von CSCW-Systemen nach Raum und Zeit
(in Anlehnung an C. A. Ellis (1991) 41)

Für virtuelle Unternehmungen als Unternehmungsnetzwerke geht die Bedeutung der Unterstützung der Zusammenarbeit am gleichen Ort nicht über die Bedeutung dieser Zusammenarbeitsform in konventionellen Unternehmungen hinaus, weshalb sich die folgenden Ausführungen auf die Systeme konzentrieren, die raumüberbrückende Zusammenarbeit unterstützen.

Über die oben angegebene Klassifikation hinaus lassen sich CSCW-Systeme gliedern in Systeme, die vorwiegend aufgabenorientiert sind, d. h. sich auf die Unterstützung der Zusammenarbeit bei bestimmten Aufgabenstellungen beschränken, und Systeme, die besonders Kommunikation und Koordination von Arbeitsabläufen unterstützen.[385]

Zu den aufgabenorientierten Systemen zählen unter anderem:

- *Gruppenentscheidungsunterstützungssysteme (GEUS oder GDSS[386])*
  GEUS unterstützen die Bewältigung schlecht strukturierter Probleme in Gruppen mit dem Ziel, die Produktivität von Entscheidungsfindungsprozessen durch Beschleunigung und/oder durch qualitative Verbesserung der Entscheidungen zu erhöhen.[387] Solche Systeme unterstützen neben der Strukturierung von Entscheidungsproblemen die interaktive Alternativensuche sowie die Bewertung zum Beispiel durch Nutzwertanalysen.

---

[385] Eine ähnliche Gliederung findet sich bei H. Krcmar (1990) 195
[386] GDSS steht für Group Decision Support System
[387] vgl. K. L. Kraemer und J. C. King (1988) 120ff

Desweiteren gehören Hilfen bei der Einigung auf eine Entscheidung, wie zum Beispiel die Abstimmungsunterstützung, zum Leistungsumfang von GEUS. Gruppenentscheidungsunterstützungssyteme stellen damit ein bedeutendes Instrument der heterarchischen Führung virtueller Unternehmungen dar.

- *Elektronische Konferenzräume*
  Die wohl bekannteste Form der Unterstützung distanter Konferenzen ist das Video-Conferencing. Während das Video-Conferencing in der Anfangsphase relativ aufwendige Konferenzräume und speziell ausgebildete Operatoren verlangte, sind mittlerweile einfache Arbeitsplatzcomputer als Video-Conference-Terminals etabliert. Video-Conferencing hat jedoch den Nachteil, daß Dokumente nicht von allen Konferenzteilnehmern wahrgenommen und gegebenenfalls modifiziert werden können. Neuere Konferenzsysteme (Desktop-Conferencing) stellen daher geteilte Bildschirme oder Anwendungsfenster zur Verfügung; die Open-Doc-Technologie[388] unterstützt solche Anwendungen.
  Zur Unterstützung asynchroner Konferenzen wird oft auf die Fähigkeiten von Video-Conferencing-Systemen verzichtet und statt dessen eine textuelle Konferenzführung eingesetzt. Hypertext- und Hypermedia-Systeme können in Systeme zur Unterstützung asynchroner Konferenzen sinnvoll eingebettet werden. Insbesondere für die Führung internationaler virtueller Unternehmungen, für die eine synchrone Konferenzführung aufgrund von Zeitunterschieden unpraktisch ist, sind solche Systeme eine wertvolle Unterstützung.

- *Koordinierende Systeme*
  Koordinierende Systeme ermöglichen ihren Benutzern, gemeinsam an einer Aufgabe zu arbeiten und dabei ihre eigenen Aktionen sowie die relevanten Aktionen anderer Benutzer im Kontext der Gesamtaufgabe zu beobachten. Solche Systeme werden vorwiegend in der Produktentwicklung (CAD, CAE und CASE[389]) eingesetzt. Für virtuelle Unternehmungen, die hochinterdependente Produktteile von verschiedenen Kompetenz-Centern entwickeln lassen, stellen koordinierende Systeme einen bedeutenden Produktionsfaktor dar.

---

[388] Open-Doc bezeichnet ein Standardformat für Dokumente, die Dokumente verschiedener Anwendungen enthalten können und eine Visualisierung dieser Dokumente ohne die teildokumenterzeugenden Programme ermöglichen.
[389] CASE steht für Computer Aided Software Engineering

Kommunikations- und prozessorientierte CSCW-Systeme sind im wesentlichen:

- *Nachrichtensysteme*
  Nachrichtensysteme unterstützen die asynchrone Kommunikation und Dokumentübertragung. Die bedeutendsten Nachrichtensysteme sind Electronic Mail (E-Mail), das aufgrund seiner weiten Verbreitung einen Standard darstellt, den nahezu alle Kommunikationssysteme unterstützen, und Mailboxen (BBS[390]), die neben der Übertragung von Nachrichten an Individuen die Versendung von Nachrichten und Dokumenten an Interessengruppen sowie die Veröffentlichung von Nachrichten für alle Benutzer einer BBS ermöglichen. Die meisten Mailboxen gehören internationalen Netzwerken an und stellen damit einen kostengünstigen Zugang zu einem äußerst mächtigen Nachrichtensystem dar. Aufgrund des hohen Standardisierungsgrades sind Nachrichtensysteme auch für kurzfristige Partnerschaften in virtuellen Unternehmungen ohne Integrationsaufwand einsetzbar.

- *Mehrbenutzereditoren*
  Mehrbenutzereditoren unterstützen die synchrone und asynchrone Bearbeitung einfacher Dokumente durch mehrere Benutzer. In der Regel werden dabei Teile des Dokuments zu einem Zeitpunkt nur einem Benutzer zur Bearbeitung und den übrigen Benutzern zur Einsicht überlassen. Änderungen durch Benutzer können meist automatisch protokolliert werden. Mehrbenutzereditoren stellen damit eine in bezug auf Benutzbarkeit und Leistungsumfang einfachere Variante koordinierender Systeme dar.

CSCW-Systeme sollten nicht unabhängig voneinander gestaltet werden; vielmehr sind eine einheitliche Benutzeroberfläche, Daten- und Prozeßintegration wesentliche Qualitätsbestimmungsfaktoren für Groupware.

---

[390] BBS steht für Bulletin Board Systems.

Olbrich gliedert die Anwendungsgebiete für Groupware nach der Reichweite in bzw. zwischen Arbeitsgruppen (Teams) und Unternehmungen:

	unternehmungs-intern	**unternehmungs-übergreifend**
teamintern	unternehmungsinterne Projekte	unternehmungsüber-greifende Projekte
team-übergreifend	unternehmungsweite Projektkoordination	integrative Unterstützung mehrerer Projekt-Kooperationen

Abbildung 7: Gliederung der Anwendungsfelder für Groupware nach ihrer Reichweite (in Anlehnung an T. J. Olbrich (1994) 35)

Diese Gliederung verdeutlicht Entwicklungsmöglichkeiten für Groupware; realisierte CSCW-Systeme beschränken sich fast ausschließlich auf den oberen linken Quadranten. Für virtuelle Unternehmungen scheint die Ausweitung der Groupware auch auf den oberen rechten Quadranten notwendig. Die weitere Integration des Unterstützungspotentials zwischen verschiedenen Arbeitsgruppen und damit auch zwischen verschiedenen virtuellen Unternehmungen eröffnet weitere Potentiale für Vertrauensbildung, interorganisationales Lernen und Flexibilität.

CSCW-Systeme unterstützen aufgrund ihrer Unstrukturiertheit und ihrer Ausrichtung auf Kommunikation und Kooperation in besonderer Weise die für die Organisation virtueller Unternehmungen wesentliche Selbstorganisation und Evolution.[391] Auch heben solche Systeme die Bedeutung der Barrieren Raum und Zeit zu einem großen Teil auf und beschleunigen damit auch den für den Erfolg virtueller Unternehmungen wichtigen Prozeß der Vertrauensbildung.[392] Interorganisationale Groupware entspricht damit hervorragend den Eigenarten und Erfordernissen der virtuellen Unternehmung.

---

[391] vgl. Abschnitte 6.1 (Selbstorganisation) und 6.2 (Evolution)
[392] vgl. Abschnitt 4.1 (Vertrauen) sowie A. Loose und J. Sydow (1994) 184

8. Ausblick

Ziel dieser Arbeit war es, ein Managementkonzept für virtuelle Unternehmungen zu entwickeln. Um den Untersuchungsgegenstand „virtuelle Unternehmung" gegenüber anderen Konzepten und Begriffen abzugrenzen wurde ein relativ aufwendiger Versuch einer integrativen Begriffsbestimmung unternommen. Aufbauend auf einer neuen Definition der virtuellen Unternehmung wurden die theoretischen Stärken und Schwächen dieser Allianzform untersucht. Als theoretische Grundlage diente dazu ein neu entwickeltes Kostenmodell, das Transaktions-, Agency- und Produktionskosten sowie Kosten der internen Information berücksichtigt und die Vorteile von Kooperationen erklären kann, ohne sie als Intermediär zwischen Markt und Hierarchie zu betrachten. Als weitere theoretische Grundlage einer Stärken- und Schwächenanalyse wurde der ressourcenbasierte Ansatz vorgestellt. Als wesentliche Erfolgsfaktoren der virtuellen Unternehmung wurden Vertrauen, Wissen und Informationstechnik erläutert.

Die Entwicklung eines Führungskonzepts ging von der Untersuchung der Führungsaufgaben und -instrumente aus. Als erster wesentlicher Bestandteil wurden die Führungsträger sowie die Beziehungen zwischen diesen bestimmt sowie die Bedeutung von Unternehmenskultur und Corporate Identity für virtuelle Unternehmungen herausgearbeitet. Die Entwicklung eines Organisationskonzepts für virtuelle Unternehmungen begann mit Darstellungen von Selbstorganisation und Evolution, die als Grundlagen der Konzeption einer Aufbau- und einer Ablauforganisation genutzt wurden. Auch Gestaltungsmöglichkeiten für eine virtuelle Unternehmungen unterstützende Infrastruktur wurden untersucht. Als wesentlicher Bestandteil dieser Infrastruktur wurden VANs und elektronische Märkte herausgestellt. Als weitere Möglichkeiten informationstechnischer Unterstützung virtueller Unternehmungen wurden Electronic Data Interchange, interorganisationale Informationssysteme und Groupware vorgestellt. In diesem Kapitel sollen nun die wesentlichen Implikationen des entwickelten Konzepts für konventionelle Unternehmungen dargestellt werden, bevor abschließend das Potential des Konzepts untersucht wird.

8.1. Einfluß des Konzepts auf Strategie und Organisation konventioneller Unternehmungen

Die Führung konventioneller Unternehmungen ist grundsätzlich bestrebt, gute Wettbewerbspositionen zu erlangen und zu halten. Zu diesem Zweck steht eine Vielzahl von Wettbewerbsstrategien zur Verfügung, die aus dem Bewußtsein der permanenten Konkurrenzsituation auf allen Märkten entwickelt wurden.

Herkömmliche Kooperationsstrategien verfolgen das Ziel, durch die Bündelung eigener und fremder Kräfte die eigene Wettbewerbsposition nachhaltig zu stärken. Diese Intention verdeutlicht, daß Kooperations- und Wettbewerbsstrategien sich nicht ausschließen; vielmehr sind herkömmliche Kooperationsstrategien als Teil der Wettbewerbsstrategien zu interpretieren.

Virtuelle Unternehmungen sind nur bedingt geeignet, die Wettbewerbsposition ihrer Mitgliedsunternehmungen auf den Absatzmärkten zu verbessern.[393] Für den Erfolg virtueller Unternehmungen ist es entscheidend, durch Bündelung der Stärken ihrer Mitgliedsunternehmungen *eigene* Wettbewerbsvorteile zu erlangen. Wollen konventionelle Unternehmungen das Erfolgspotential virtueller Unternehmungen nutzen, dürfen sie nicht primär das Ziel verfolgen, durch die Kooperation selbst Wettbewerbsvorteile zu erlangen, sondern durch ihren Beitrag zur virtuellen Unternehmung deren Wettbewerbsposition zu stärken. Auch in diesem Bezugsrahmen schließen sich Wettbewerb und Kooperation nicht aus: permanenter Wettbewerb der Kooperationspartner mit Konkurrenten, die ihre Leistungen der virtuellen Unternehmung als Kooperations- oder Markttransaktionspartner anbieten, stärkt die Kooperation und deren Wettbewerbsposition am Absatzmarkt der virtuellen Unternehmung.

---

[393] Eine Verbesserung der Wettbewerbsposition einer Mitgliedsunternehmung ist z. B. durch die Realisierung von internen Skalen-effekten oder erleichterten Marktzutritt möglich.

Entschließen sich konventionelle Unternehmungen, verstärkt ihre Leistungen nicht selbst und allein in absatzfähige Produkte umzusetzen, sondern virtuellen Unternehmungen als Kooperationspartner anzubieten, so hat dies einen großen Wandel zur Folge: diese Unternehmungen bieten verstärkt (Teil)-Prozesse anstelle von Produkten an, ihr Hauptabsatzmarkt sind mögliche Kooperationen.[394]

„Die zentralen Aufgaben des strategischen Managements, Definition von Geschäftsfeldern und die Verwirklichung von Erfolgspotentialen, gewinnen [...] eine neue Akzentuierung: die Bestimmung der Kernkompetenz [...], die (flexible) Definition der Unternehmungsgrenze und die Positionierung der Unternehmung in Kooperationen und Netzen werden zu zentralen strategischen Aufgaben."[395]

„[Die ...] Fähigkeit, Unternehmensressourcen zielgerichtet auf- und einzuteilen, ihre Lebensdauer und die der sie bindenden Kooperationen einzuschätzen, Folgekooperationen zu planen und die optimale Positionierung der Unternehmensressourcen im überbetrieblichen Netzwerksystem zu determinieren, einzuleiten und gegebenenfalls anzupassen [... wird sich] als weiterer (kritischer) Erfolgsfaktor herausstellen[...]."[396]

Zur Erfüllung seiner Aufgaben muß sich das Management neuer Methoden bedienen: weil in Kooperationen Koordination durch Weisung nicht mehr möglich ist, gewinnen Verhandlungsgeschick und vertrauenswürdiges Verhalten als Führungsqualitäten an Bedeutung.[397]

Da Mitarbeiter konventioneller Unternehmungen, die Mitglied virtueller Unternehmungen sind, im Spannungsfeld mehrerer Unternehmungsidentitäten arbeiten, ist es eine Aufgabe der Unternehmungsführung, ihre Mitarbeiter nach Beendigung einer Kooperation zu halten, um nicht die eigenen Fähigkeiten, das aus der Kooperation Erlernte und die eigene Identität zu verlieren.[398]

Um sicherzustellen, daß eine konventionelle Unternehmung als Kooperationspartner attraktiv ist, muß das Management den Bestand wichtiger, d. h. nicht marktfähiger, nicht imitierbarer und nicht substituierbarer Ressourcen[399] pflegen. Für Kooperationen besonders bedeutende Ressourcen sind

---

[394] vgl. T. J. Olbrich (1994) 36
[395] vgl. N. Szyperski und S. Klein (1993) 198
[396] vgl. T. J. Olbrich (1994) 36
[397] vgl. J. Kronen (1994) 100 und J. Sydow (1992) 312f
[398] vgl. Abschnitt 5.3 (Unternehmenskultur und Corporate Identity)
[399] vgl. Abschnitt 3.2 (Ressourcenbasierter Ansatz)

erwiesene Vertrauenswürdigkeit,[400] Fairneß, Zuverlässigkeit, ausgewiesene IS-Kompetenz sowie die Kernkompetenzen der Unternehmung.[401] Eine Konzentration auf Kernkompetenzen ist eine Komplementärstrategie zur Kooperation.[402]

„Die Suche nach den [...Kernkompetenzen] ist letztlich die unternehmerische Suche nach dem eigenen, wettbewerbsfähigen Können."[403]

Die Fähigkeit, Kernkompetenzen zu identifizieren, ist eine notwendige Qualität der Führung kooperationswilliger Unternehmungen.[404] Allein die Identifikation der Kernkompetenzen ist jedoch nicht hinreichend; um Kernkompetenzen in virtuelle Unternehmungen einbringen zu können, müssen diese einzeln zur Verfügung gestellt werden. Dies erfordert eine organisatorische Abgrenzung dieser Kompetenzen in der konventionellen Unternehmung.

Ist eine Unternehmung entschlossen, ihre Leistungen ausschließlich in Kooperationen anzubieten und auf Absatzmärkten nicht mehr selbst aufzutreten, so sollte die Organisation der konventionellen Unternehmung auf eine Gliederung in reine Kompetenz-Center[405] umgestellt werden.

Bleibt eine Unternehmung weiterhin auf Absatzmärkten aktiv, bietet sich eine Matrixorganisation mit den Dimensionen Kernkompetenzen und strategische Geschäftsfelder an. Für virtuelle Unternehmungen kann dann jeweils ein temporäres Geschäftsfeld in die Organisation eingefügt werden, das nur mit in der virtuellen Unternehmung eingebrachten Kernkompetenzen organisatorische Schnittstellen bildet.

Eine solche Organisation ermöglicht auch den Transfer des Konzepts der virtuellen Unternehmung auf die strategischen Geschäftseinheiten; auch sie können als Kooperation unternehmungsinterner und gegebenenfalls - externer Kompetenz-Center geführt werden.[406]

---

[400] vgl. Abschnitt 4.1 (Vertrauen)
[401] vgl. Abschnitt 5.1.1 (Selektion)
[402] vgl. J. Kronen (1994) 47
[403] N. Szyperski (1993) 73
[404] vgl. J. Kronen (1994) 46
[405] Eine solche Gliederung ähnelt der nach strategischen Geschäftsfeldern in strategische Geschäftseinheiten.
[406] vgl. T. J. Olbrich (1994) 33

126

8.2. Potential des Konzepts

Miles und Snow sehen in dynamischen Netzwerken, den gedanklichen Vorläufern der virtuellen Unternehmung, das Unternehmungskonzept der Zukunft.[407] Diese Arbeit hat die vermuteten, theoretischen Stärken virtueller Unternehmungen sowie deren konzeptionelle Realisierbarkeit bestätigt. Die aktuell existenten virtuellen Unternehmungen schöpfen, obwohl sie meist erfolgreich sind, das Potential des Konzepts offensichtlich nicht voll aus; dies kann zu großen Teilen mit einer mangelhaften Realisierung des Konzepts in diesen Unternehmungen,[408] sowie der unterentwickelten Infrastruktur für solche Kooperationsformen begründet werden. Die Infrastruktur, die in dieser Arbeit als wirkungsvolle Unterstützung virtueller Unternehmungen herausgearbeitet wurde, ist aber derzeit in einer rasanten Entwicklung begriffen: der sprunghafte Anstieg angebotener Mehrwertdienste infolge der weltweiten Deregulierung der Telekommunikationsmärkte, die fortschreitende Standardisierung der Datenaustauschformate sowie der Schnittstellen interorganisationaler Systeme einschließlich der Groupware und eine sich den neuen Gegebenheiten anpassende Rechtslage deuten auf sich verbessernde Rahmenbedingungen für virtuelle Unternehmungen hin.

Die interdisziplinäre Forschung zur virtuellen Unternehmung ist noch relativ jung, die entwickelten Konzepte kaum konkretisiert und ähnlich diffus wie die in Abschnitt 2.3 dargestellten Definitionen. In den Forschungsdisziplinen, die die virtuelle Unternehmung untersuchen, liegt eine Vielzahl nutzbarer Erkenntnisse aus Untersuchungen strategischer Allianzen, selbstorganisierender Systeme etc. vor. Diese Arbeit kann als integrativer und innovativer Versuch der Entwicklung eines Konzepts virtueller Unternehmungen verstanden werden. Der Bedarf an weiterer Forschung ist offensichtlich groß.

Trotz der positiven und optimistischen Bewertung virtueller Unternehmungen in dieser Arbeit ist die untersuchte Kooperationsform nicht *das* Unternehmungskonzept der Zukunft, wie Miles und Snow es sahen.

„[...Virtuelle] Unternehmungen, in denen steckkompatible Mitglieder [...] kommen und gehen, [...] sind gut in sich entwickelnden Industrien, in denen Produktspezifikation und Märkte dramatischem, unvorhersehbaren Wandel unterworfen sind,

---

[407] vgl. R. E. Miles und C. C. Snow (1984) 26f
[408] „Eine Strategie, die sich auf Allianzen stützt, ist wie jede andere so gut, wie ihre Umsetzung" J. L. Badaracco (1992b) 147

[...aber] ungeeignet für eine große Mehrheit anderer wirtschaftlicher Unternehmungssituationen."[409]

Viele Vorteile der virtuellen Unternehmung, besonders jene, die sich aus der Konzentration auf Kernkompetenzen ergeben, können auch in anderen Kooperationsformen realisiert werden. Hierarchisch geführte Wertschöpfungsnetze bieten darüber hinaus mehr Stabilität und Sicherheit als virtuelle Unternehmungen sowie das Potential einer langfristigen Entwicklung und Verbesserung. Zur Effizienzsteigerung in solchen Netzwerken wurden Modelle wie die „lean enterprise"[410] entwickelt. In einem stabilen Umfeld oder bei geringer Komplexität kann sich auch die weitgehende Eigenerstellung von Dienstleistungen und Produkten als effizient und effektiv erweisen.

Virtuelle Unternehmungen sind von ihrer Konzeption auf die Ausnutzung temporärer Marktchancen ausgerichtet. Als allgemeingültiges Unternehmungskonzept wird sich die virtuelle Unternehmung als untauglich erweisen. Für die in einer zunehmend komplexen und turbulenten Umwelt immer wichtiger werdende Ausnutzung temporärer Marktchancen ist sie das wahrscheinlich effizienteste und effektivste Konzept zur Koordination wertschöpfender Aktivitäten.

---

[409] J. P. Womack und D. T. Jones (1994) 103; Übersetzung vom Verfasser; im Original heißt es: „[...Virtual] corporations, in which „plug-compatible" members [...] come and go, [...] are fine for nascent industries in which product specification and market demand are subject to dramatic and unpredictable change, [...but] they are terrible for the vast majority of commercial activities."

[410] vgl. vgl. J. P. Womack und D. T. Jones (1993) 93ff

Anhang

1. Schematische Darstellung eines Keiretsu

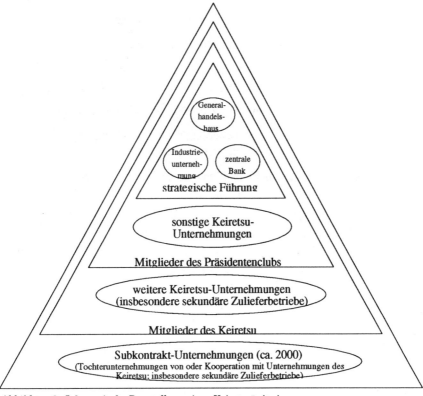

Abbildung 8: Schematische Darstellung eines Keiretsu mit einem
Zahlenbeispiel von Mitsubishi
(in Anlehnung an J. Sydow (1991) 242)

Abbildungen

Literatur

Ackoff, R. L. (1967): Management Misinformation Systems, in: Management Science, Jg. 14 (1967), H. 3, S. 147-156

Albach, H. (1992): Strategische Allianzen, strategische Gruppen und strategische Familien, in: Zeitschrift für Betriebswirtschaft (ZfB), Jg. 62 (1992), S. 663-670

Alchian, A. A. und Demsetz, H. (1972): Production, information, costs and economic organization, in: American Economic Review, Jg. 52 (1972), S. 777-795

Aldrich, H. (1979): Organizations and environments, Englewood Cliffs (N. J.) 1979

Aldrich, H. und Whetten D. A. (1981): Organization-sets, action-sets, and networks: making the most of simplicity, in: Nystrom, P. C. und Starbuck, W. H. (Hrsg.): Handbook of Organizational Design, Bd. 1: Adapting organizations to their environments, Oxford 1981, S. 385-408

Arrow, K. J. (1971): Essays in the theory of risk bearing, Chicago 1971

Attewell, P. und Rule, J. (1984): Computing and Organizations: What we know and what we don't know, in: Communication of the ACM (CACM), Jg. 27 (1984), H. 12, S.1184-1192

Badaracco, J. L. (1991a): The Boundaries of the Firm, in: Etzioni, A. und Lawrence, P. (Hrsg.):Socio-Economics, London 1991, S. 293-327

Badaracco, J. L. (1991b): Strategische Allianzen. Wie Unternehmen durch Know-how-Austausch Wettbewerbsvorteile erzielen (The knowledge link), Aus dem Amerikanischen von Csuss, J. , Wien 1991

Bauer, M. und Cohen, E (1983): The invisibility of power in economics beyond markets and hierarchies, in: Francis, A. ; Turk, J. und William, P. (Hrsg.): Power, efficiency and institutions, London 1983, S. 81-104

Bitz, H. (1991): Betriebswirtschaftstheorie I, Hagen 1991

Bleecker, S. E. (1994): The Virtual Organization, in: The Futurist, Jg. 28 (1994), H. 2, S. 9-14

Bleicher, K. (1989): Zum Management zwischenbetrieblicher Kooperation: Vom Joint Venture zur strategischen Allianz, in: Bühner, R. (Hrsg.): Führungsorganisation und Technologiemanagement. Festschrift für Friedrich Hoffmann zum 65. Geburtstag, Berlin 1989, S. 77-89

Byrne, J. A. (1993): The virtual corporation, in: International Business Week (IBW), 8.2.1993, S. 36-41

Carnap, R. (1959): Induktive Logik und Wahrscheinlichkeit, bearbeitet von Stegmüller, W., Wien 1959

Cash, J. I. (1993): Interorganizational systems: An information society opportunity or thread?, in: Somogyi, E. K. und Galliers, R. D. (Hrsg.): Toward strategic information systems, Turnbridge Wells, S. 200-220

Chandler, A. D. (1962): Strategy and structure: Chapters in the history of the industrial enterprise,, Cambridge 1962

Chandler, A. D. (1977): The visible hand. The managerial revolution in American business, Cambridge 1977

Clemons, E. K. ; Miller, D. B. und Row, M. C. (1992): Rosenbluth International Alliance: Information Technology and the Global Virtual Corporation, in: IEEE, 1992, H. 1, S. 678-685

Coase, R. H. (1937): The Nature of the Firm, in: Economica, 1937, H. 11, S. 386-405

Connor, K. R. (1991): A. Historical Comparison of Resource-Based Theory and Five Schools of Thought Within Industrial Organization Economics: Do We Have a New Theory of the Firm?, in: Journal of Management, Jg. 17 (1991), H. 1, S. 121-154

Cummings, T. G. (1984): Transorganizational Development, in: Research in Organizational Behaviour, Jg. 6 (1984), S. 367-422

Davidow, W. H. und Malone, M. S. (1992): The Virtual Corporation. Structuring and Revitalizing the Corporation for the 21st Century, New York 1992

Dodgson, M. (1993): Learning, trust and technological collaboration, in: Human Relations, Jg. 46 (1993), H. 1, S. 77-95

Doz, Y.; Prahalad, C. K. und Hamel, G. (1990): Control, change and flexibility: the dilemma of transnational collaboration, in: Bartlett, C. A.; Doz, Y. und Hedlund, G. (Hrsg.): Managing the global firm, London und New York, S. 117-143

Ebers, M. (1994): Die Gestaltung interorganisationaler Informationssysteme – Möglichkeiten und Grenzen einer transaktionstheoretischen Erklärung, in: Sydow, J. und Windeler, A. (Hrsg.): Management interorganisationaler Beziehungen, Opladen 1994, S. 22-48

Eccles, R. G. (1981): The Quasifirm in the construction industry, in: Journal of Economic Behavior and Organization, Jg. 2 (1981), H. 4, S. 335-357

Ellis, C. A. ; Gibbs, S. J. und Rein, G. L. (1991): Groupware. Some issues and experiences, in: Communications of the ACM (CACM), Jg. 34 (1991), H. 1, S. 38-58

Ettinghoeffer, D. (1992): L'entreprise virtuelle ou les nouveaux modes de travail, Paris 1992

Friedman, A. L. (1977): Industry and Labour, London 1977

Friedman, J. W. (1989): Game theory with applications to economics, New York 1989

Fröschle, H.-P.; Abele, K. und Brettreich-Teichmann, W. (1993): Anwenderanforderungen und Marktentwicklung, in: Office Management (OM), 1993, H. 10, S. 10-18

Gabler Wirtschaftslexikon (1988): Gabler Wirtschaftslexikon, 12. vollständig neu bearbeitete und erweiterte Auflage, Wiesbaden 1988

Giddens, A. (1990): The consequences of modernity, Oxford 1990

Gils, van, M. R. (1984): Interorganizational relations and networks, in: Drenth, P. J. D.; Thierry, H. ; Willems, P. J. und Wolff, de, C. J. (Hrsg.): Handbook of work and organizational psychology. Chinchester etc 1984, S. 1073-1100

Göbel, E. (1993): Selbstorganisation - Ende oder Grundlage rationaler Organisationsgestaltung?, in: Zeitschrift für Organisation (ZfO), Jg. 62 (1993), S. 391-395

Gomes-Casseres, B. (1994): Group Versus Group: How Alliance Networks Compete, in: Harvard Business Review (HBR), 1994, H. 7-8, S. 62-74

Gomez, P. und Zimmermann, T. (1992): Unternehmensorganisation. Profile, Dynamik, Methodik, Frankfurt 1992

Grant, R. M.(1991): The Resource Based Theory of Competitive Advantage: Implications for Strategy Formulation, in: California Management Review, Jg. 41 (1991), H. 3, S. 114-135

Gray, P. (1991): Open Systems: A Business Strategy for the 1990s, London etc. 1991

Grochla, E. (1970): Die Kooperation von Unternehmungen aus organisationstheoretischer Sicht, in: Boettcher, E. (Hrsg.): Theorie und Praxis der Kooperation, Tübingen 1970, S. 1-18

Groffmann, H. D. (1992): Kooperatives Führungsinformationssystem. Grundlagen - Konzept - Prototyp, Wiesbaden 1992

Gurbaxani, V. und Whang, S (1991): The Impact of Information Systems on Organizations and Markets, in: Communications of the ACM (CACM), Jg. 34 (1991), H. 1, S. 59-73

Håkansson, H. (1987): Industrial technological development: A network approach, London etc. 1987

Hax, Herbert (1991): Theorie der Unternehmung - Information, Anreize und Vertragsgestaltung, in: Ordelheide, D. ; Bernd, R. und Büsselmann, E. (Hrsg.): Betriebswirtschaftslehre und ökonomische Theorie, Stuttgart 1991

Hayek, von, F. A. (1945): The Use of Knowledge in Society, in: American Economic Review, Jg. 35 (1945), S. 519-530

Hopper, M. D. (1990): Rattling SABRE – New Ways to Compete on Information. Lessons for survival in the era of the „information utility.", in: Harvard Business Review (HBR), 1990, H. 5-6, S. 118-125

Hunt, M. (1972): Competition in the Major Home Appliance Industry (1960-1970), PhD Dissertation an der Harvard University 1972

Janssens, G. K. und Cuyvers, L. (1991): EDI - A strategic weapon in international trade, in: Long Range Planning, Jg. 24 (1991), H. 2, S. 46-53

Jarillo, J. C. (1988): On Strategic Networks, in: Strategic Management Journal, Jg. 9 (1988), H. 9, S. 31-41

Jensen, M. C. (1985): Lectures on organization theory, William. E. Simon Graduate School of Business, University of Rochester 1985

Johnston, R. und Lawrence, P. R. (1988): Beyond Vertical Integration – the Rise of the Value-Adding Partnership, in: Harvard Business Review (HBR), 1988, H. 6-7, S. 94-101

Jonas, N. (1993): The hollow corporation, in: International Business Week (IBW), 3.3.1986, S. 53-55

Kieser, A. (1994): Evolutionäres Management, in: Schmalenbachs Zeitschrift für betriebswirtschaftliche Forschung (ZfbF), J. 46 (1994), H. 3, S. 199-228

Kilian, W.; Picot, A.; Neuburger, R.; Niggl, J. ;Scholtes, K.-L. und Seiler, W. (1994): Electronic Data Interchange aus ökonomischer und juristischer Sicht. Forschungsbericht zu dem von der Volkswagen-Stiftung geförderten Forschungsprojekt ELTRADO (Elektronische Transaktionen von Dokumenten zwischen Organisationen), Baden-Baden 1994

Kimberley, P. (1991): Electronic Data Interchange, New York 1991

Klein, B. (1985): Self-Enforcing Contracts, in: Zeitschrift für die gesamte Staatswissenschaft (ZgS). Journal of Institutional and Theoretical Economics, Jg. 141 (1985), H. 4, S. 594-600

Klein, S. (1994): Virtuelle Organisation, in: Wirtschaftswissenschaftliches Studium (WiSt), 1994, H. 6, S. 309-311

Kotter, J. P. (1979): Managing external dependence, in: American Management Review, 1979, H. 4, S. 87-92

Kraemer, K. L. und King, J. C. (1988): Computer-based systems for cooperative work and group decision making, in: ACM Computer Survey, Jg. 20 (1988), H. 2, S. 115-146

Krcmar, H. (1990): Groupware, in: Mertens, P. ; König, W. ; Krallmann, H. ; Scheer, A.-W. ; Seibt, D. ; Stahlknecht, P. ; Strunz, H. ; Thome, R. und Wedekind, H. (Hrsg.): Lexikon der Wirtschaftsinformatik, zweite, vollständig neu bearbeitete und erweiterte Auflage

Krebs, M. und Rock, R. (1994): Unternehmungsnetzwerke – eine intermediäre oder eigenständige Organisationsform?, in: Sydow, J. und Windeler, A. (Hrsg.): Management interorganisationaler Beziehungen, Opladen 1994, S. 322-345

Kronen, J. (1994): Computergestützte Unternehmungskooperationen. Potentiale – Strategien – Planungsmodelle, Wiesbaden 1994

Kubicek, H. (1991): Der überbetriebliche Informationsverbund als Herausforderung an die Organisationsforschung und -praxis, in: Information Management (IM), Jg. 6 (1991), H. 2, S. 6-15

Kuttner, R. (1993): Talking Marriage and thinking one-night stand, in: International Business Week (IBW), 18.10.1993, S. 12

Leavit, H. J. und Whisler, T. L. (1988): Management in the 1980s, in: Harvard Business Review (HBR), 1988, H. 5-6, S. 41-48

Leifer, R. und McDonough, E. F. (1985): Computers Ratio as a Predominant Technology Effecting Work Unit Structure, in: Proceedings of the Sixth Annual Conference on Information Systems 1985, S. 238-248

Lewis, J. D. (1990): Partnership for Profit. Structuring and Managing Strategic Alliances, New York und London 1990

Litke, H.-D. (1993): Projektmanagement. Methoden, Techniken, Verhaltensweisen, 2. überarbeitete und erweiterte Auflage, München und Wien 1993

Loose, A. und Sydow, J. (1994): Vertrauen und Ökonomie in Netzwerkbeziehungen – Strukturationstheoretische Betrachtungen, in: Sydow, J. und Windeler, A. (Hrsg.): Management interorganisationaler Beziehungen, Opladen 1994, S. 160-193

Lorange, P und Probst, G. J. B. (1990): Effective strategic planning in the multinational corporation, in: Bartlett, C. A.; Doz, Y. und Hedlund, G. (Hrsg.): Managing the global firm, London und New York, S. 144-163

Loveman, G. (1991): Why Personal Computers Have Not Improved Productivity, in: Minutes of Stewart Alsop 1991 computer conference

Luhmann, N. (1973): Vertrauen. Ein Mechanismus der Reduktion sozialer Komplexität, Frankfurt 1973

Luke, R. D.; Begun, J. W. und Pointer, D. D. (1989): Quasifirms: Strategic interorganizational forms in the health care industry; in: Academy of Management Review; Jg. 14 (1989); H. 1; S. 9-19

Malik, F. (1990): Selbstorganisation im Management, in: Kratky, K. W. und Wallner, F. (Hrsg.): Grundprinzipien der Selbstorganisation, Darmstadt 1990, S. 96-102

Malik, F. und Probst, G. J. B. (1981): Evolutionäres Management, in : Die Unternehmung, Jg. 35 (1981), S. 121 - 140

Markus, M. L. und Robey, D. (1988): Information technology and organizational change: Causale structure in theory and research, in: Management Science, Jg. 34 (1988), H. 1, S. 583-598

Martino, R. L. (1964): Project Management and Control. Vol. 1: Finding the Critical Path, New York 1964

Maruyama, M. (1963): The second cybernetics: Deviation amplifying mutual causal processes, in: Science in progress, 1963, H. 3, S. 247-279

Mertens, P. (1994): Virtuelle Unternehmen, in: Wirtschaftsinformatik, Jg. 36 (1994), H. 2., S. 169-172

Miles, R. E. und Snow, C. C. (1984): Fit, Failure And The Hall of Fame, in: California Management Review (CMR), Jg. 26 (1984), H. 3, S. 10-28

Morgan, G. (1986): Images of organization, Beverly Hills 1986

Mowshowitz, A. (1986): Social Dimensions of Office Automation, in: Advances in Computers, Jg. 25 (1986), S. 335-404

Neuburger, R. (1994): Auswirkungen von EDI auf die zwischenbetriebliche Arbeitsteilung und Koordination – Eine transaktionskostentheoretische Analyse, in: Sydow, J. und Windeler, A. (Hrsg.): Management interorganisationaler Beziehungen, Opladen 1994, S. 49-70

Olbrich, T. J. (1994): Das Modell der „Virtuellen Unternehmen" als unternehmensinterne Organisations- und unternehmensexterne Kooperationsform, in: Information Management (IM), 1994, H. 4, S. 28-36

Ouchi, W. G. und Gibson, D. V. (1980): Control, Commitment and Emotional Well Being in the Industrial Organizations, Los Angeles 1980

Pfeiffer, H. K. C. (1992): The Diffusion of Electronic Data Interchange, Heidelberg etc. 1992

Picot, A (1982): Transaktionskostenansatz in der Organisationstheorie. Stand der Diskussion und Aussagewert, in: Die Betriebswirtschaft, Jg. 42 (1982), S. 267-284

Picot, A. und Dietl, H. (1990): Transaktionskostentheorie, in: Wirtschaftswissenschaftliches Studium (WiSt), Jg. 19 (1990), H. 3, S. 178-184

Picot, A. ; Neuburger, R. und Niggl, J. (1991): Ökonomische Perspektiven eines „Electronic Data Interchange", in: Information Management (IM), Jg 6 (1991), H. 2, S. 22-29

Porter, M. E. (1983): Wettbewerbsstrategie (Competitive Strategy), Frankfurt 1983

Porter, M. E. (1990): The competitive Advantage of Nations, New York 1990

Porter, M. E. und Fuller, M. B. (198).: Coalitions and Global Strategy, in: Porter, M. E. (Hrsg.): Competition in Global Industries, Boston 1986, S. 315-343

Powell, W. W. (1990): Neither market nor hierarchie: Network forms of organization, in: Research in Organizational Behaviour, Jg. 12 (1990), S. 295-336

Prahalad, C. K. und Hamel, G. (1990): The Core Competence of the Corporation, in: Harvard Business Review (HBR), 1990, H. 5-6, S. 79-91

Probst, G. J. B. (1987a): Selbstorganisation, Hamburg 1987

Probst, G. J. B. (1987b): Selbstorganisation und Entwicklung, in: Die Unternehmung, Jg. 41 (1987), H. 4, S. 242-255

Probst, G. J. B. (1992): Selbstorganisation, in: Frese, E. (Hrsg.): Handwörterbuch der Organisation, dritte, völlig neu gestaltete Auflage, Stuttgart 1992, S.2255-2270

Probst, G. J. B. und Scheuss, R.-W. (1984): Die Ordnung von sozialen Systemen - Resultat von Organisieren und Selbstorganisation, in: Zeitschrift für Organisation (ZfO), Jg 53 (1984), H. 8, S. 480-488

Ringlstetter, M (1988): Auf dem Wege zu einem evolutionären Management, München 1988

Ringlstetter, M (1994): Rahmenkonzepte zur Konzernentwicklung. Unveröffentlichte Habilitationsschrift an der Ludwig-Maximilian-Universität München

Rumelt, R. P. (1984): Towards a strategic theory of the firm, in: Lamb, B. (Hrsg.): Competitive Strategic Management, Englewood Cliffs (N. J.) 1984, S. 556-570

Schanz, G. (1993): Personalwirtschaftslehre, 2. völlig neu bearbeitete Auflage, München 1993

Schneider, D. (1993): Betriebswirtschaftslehre. Band 1: Grundlagen, München und Wien 1993

Schrader, A. (1993): Das große Rennen, in: Office Management (OM), 1993, H. 10, S. 6-9

Schrader, S. (1993): Kooperation, in: Hauschildt, J. und Grün, O (Hrsg.): Ergebnisse empirischer betriebswirtschaftlicher Forschung. Zu einer Realtheorie der Unternehmung. Festschrift für Eberhard Witte, Stuttgart 1993, S. 222-254

Schüßler, R. (1990): Kooperation unter Egoisten: Vier Dilemmata, München 1990

Schwarz, P. (1979): Morphologie von Kooperationen und Verbänden, Tübingen 1979

Semich, J. W. (1994): Information Replaces Inventory at the Virtual Corp..It's a Knife Fight, in: Datamation, 15.7.1994, S. 37-42

Simon, H. A. (1977): The New Science of Management Decision, Englewood Cliffs (N. J.) 1977

Spence, M. D. (1990): A look into the 21st Century, in: Information Age, Jg. 12 (1990), S. 91-99

Stahlknecht, P. (1991): Einführung in die Wirtschaftsinformatik, 5. aktualisierte und überarbeitete Auflage, Berlin etc. 1991

Sydow, J. (1992): Strategische Netzwerke in Japan. Ein Leitbild für die Gestaltung interorganisationaler Beziehungen europäischer Unternehmungen, in: Schmalenbachs Zeitschrift für betriebswirtschaftliche Forschung (zfbf), Jg. 43 (1991), H. 3, S. 238-254

Sydow, J. (1992): Strategische Netzwerke. Evolution und Organisation, Wiesbaden 1992

Sydow, J. und Windeler, A. (1994): Über Netzwerke, virtuelle Integration und Interorganisationsbeziehungen, in: Sydow, J. und Windeler, A. (Hrsg.): Management interorganisationaler Beziehungen, Opladen 1994, S. 1-21

Szyperski, N. (1993): Auf der Suche nach dem Kerngeschäft: Unternehmerische Orientierungskrise im Sog von Komplexität und beschleunigter Evolution, in: Krulis-Randa, J. S. ; Staffelbach, B. und Wehrli, H. P. (Hrsg.): Führen von Organisationen - Konzepte und praktische Beispiele aus privaten und öffentlichen Unternehmen, Bern etc. 1993, S. 55-73

Szyperski, N. und Klein, S. (1993): Informationslogistik und virtuelle Organisationen. Wechselwirkung von Informationslogistik und Netzwerkmodellen der Unternehmung, in: Die Betriebswirtschaft (DBW), Jg. 53 (1993), H. 2, S. 187-208

Szyperski, N. und Kronen, J. (1991): Informationstechnik und Unternehmensstrategie im Wechselspiel - Outsourcing und strategische Allianzen als wichtige Alternativen, in: Schwichtenberg (Hrsg.): Organisation und Betrieb von Informationssystemen. 9. GI-Fachgespräch über Rechenzentren. Dortmund, 14. und 15. März 1991. Proceedings. Reihe Informatik Fachberichte, Bd 279, Berlin etc. 1991, S. 1 - 21

Tietzel, M. (1981): Die Ökonomie der Property Rights: Ein Überblick, in: Zeitschrift für Wirtschaftspolitik, Jg. 30 (1981), S. 207-243

Valovic, T. (1993): Corporate Networks: Future Directions for the Emerging Virtual Marketplace, in: Telecommunications - Americas edition (TEC), 1.10.1993, S. 47-50

Vogt, G. G. (1994): Das virtuelle Unternehmen, in: Der Organisator, 1994, H. 1-2, S. 6-8

Weber, B. (1994): Unternehmungsnetzwerke aus systemtheoretischer Sicht – Zum Verhältnis von Autonomie und Abhängigkeit in Interorganisationsbeziehungen, in: Sydow, J. und Windeler, A. (Hrsg.): Management interorganisationaler Beziehungen, Opladen 1994, S. 275-297

Weber, G. F. und Walsh, I. (1994): Komplexe Organisationen, ein Modell für die Zukunft: Die virtuelle Organisation, in: Gablers Magazin, H. 6-7, S. 24-27

Williamson, O. E. (1979): Transaction-Cost Economics: The Gouvernance of constructual Relations, in: The Journal of Law and Economics, Jg. 22 (1979), S. 233-261

Wilson, W. (1986): And now, the post-industrial coprpration, in: International Business Week (IBW), 3.3.1986, S.60-63

Wolf, G. (1990): Gestalten von Komplexität durch Netzwerk-Management, in: Kratky, K. W. und Wallner, F. (Hrsg.): Grundprinzipien der Selbstorganisation, Darmstadt 1990, S. 103-126

Womack, J. P. und Jones, D. T. (1994): From Lean Production to the Lean Enterprise, in: Harvard Business Review (HBR), 1994, H. 3-4, S. 93-103

Wurche, S. (1994): Vertrauen und ökonomische Rationalität in kooperativen Interorganisationsbeziehungen, in: Sydow, J. und Windeler, A. (Hrsg.): Management interorganisationaler Beziehungen, Opladen 1994, S. 142-159

Zug (1/95): o. V. : Das Rennen um Amerikas neuen Superzug: ICE-Konsortium weiter optimistisch, in: Zug, 1995, H. 1 S. 9

William H. Davidow, Michael S. Malone

Das virtuelle Unternehmen

Der Kunde als Co-Produzent

1993. 251 Seiten
ISBN 3-593-334947-7

Im virtuellen Unternehmen entstehen Produkte und Dienstleistungen zu jeder Zeit, unmittelbar und individuell. Produzenten, Lieferanten und Kunden sind über Datenbanken in einem flexiblen Netzwerk miteinander verbunden.

»Für zahlreiche Management-Gurus ist dies das Unternehmensmodell für die Zukunft. Das Buch ist Pflichlektüre für jeden, der wissen will, wie's weitergeht.«

Business Week

»Insider-Wissen und zahlreiche Beispiele veranschaulichen, was man tun muß, um in den kommenden Jahrzehnten mit schnellen Produkten und Dienstleistungen erfolgreich zu sein.«

Richard A. Shaffer,
Gründer von Technologic Partners

»Die Autoren zeigen anschaulich Wege zur Verwirklichung der Unternehmensphilosophie von morgen.«

Dr. Uwe Groth,
Preussen Elektra AG, Hannover

Campus Verlag · Frankfurt/New York